resiliencia

Para mis padres, Linda y Robert, cuyo apoyo ha hecho posible que viviera la vida de mis sueños.

La edición original de esta obra ha sido publicada en el Reino Unido en 2023 por Welbeck, sello editorial de Welbeck Publishing Group, con el título

Resilience

Traducción del inglés: Gemma Fors

Av. Diagonal, 402 – 08037 Barcelona
www.cincotintas.com

Primera edición: marzo de 2024

Impreso en China

Depósito legal: B 17256-2023
Código Thema: VSPM
Afirmación personal, motivación, autoestima
y actitud mental positiva

ISBN 978-84-19043-39-9

resiliencia

10 PASOS PARA COMBATIR EL SÍNDROME DE DESGASTE PROFESIONAL (O *BURNOUT*)

JOLINDA JOHNSON

cincotintas

contenidos

¿cuál es tu motivo?

1

—«Me levanto. Me levanto. Me levanto.»

—¿Tres veces?

—Sí, tres veces.

Mientras meditaba aquella mañana, tuve una visión de esas líneas tatuadas en mi brazo izquierdo. Varias horas después, estaba en la sala de espera de mi estudio de tatuajes favorito aquí en Barcelona, para ser entintada.

Como era nuestra decimotercera vez trabajando juntos, mi tatuador ya estaba acostumbrado a que llegara con ideas de significado más profundo. No iba simplemente a dibujar algo de forma permanente en mi cuerpo porque quedaba bonito. La belleza debía ir acompañada de fuerza.

—Explícame: ¿de qué va este?

—De resiliencia. Y de Maya Angelou. ¿Conoces su poema «Y aun así, me levanto»?

—No creo, pero estoy seguro de que enseguida lo conoceré.

Mientras preparaba la plantilla del tatuaje y la mesa, se lo leí en voz alta. Cuando terminé, él también estaba convencido de que yo necesitaba esas tres frases en el brazo:

«Me levanto. Me levanto. Me levanto».

Me levanto.
Me levanto.
Me levanto.

no hace falta levantarse si no te han derribado

Cuando pienso en la resiliencia, no puedo evitar evocar el sentimiento que despiertan estas palabras. Tal vez como tú, me las he tenido que ingeniar y superar mis limitaciones para lograr las cosas. Ser madre soltera en un país extranjero mientras diriges tu propio negocio de coaching internacional tiende a conllevar eso.

Según la Asociación Americana de Psicología, la resiliencia es «el proceso y el resultado de adaptarse con éxito a experiencias de vida difíciles o desafiantes, y la flexibilidad y ajuste a exigencias externas e internas». Si eres como yo, te despiertas cada mañana y te acuestas todas las noches con una larga lista de exigencias que compiten entre sí. Si también eres un triunfador, sabes lo que es medirte sobre ellas y la presión que surge al tratar de cumplirlas constantemente.

Si disponemos de los recursos para hacer frente a estos desafíos, salimos más fuertes. La resiliencia, al fin y al cabo, es el resultado de hacer cosas difíciles. No hay necesidad de levantarse si no te han derribado.

Por desgracia, cuando se trata de navegar por las dificultades de la vida, muchos carecemos de las herramientas necesarias para superar las tormentas. En lugar de atender a nuestro sistema nervioso y cuidar el cuerpo y la mente, buscamos sustitutos baratos que solo enmascaran la incomodidad y el dolor. Nos lanzamos sin cesar a aguas agitadas, esperando no ahogarnos, mientras que al mismo tiempo olvidamos que no aprendimos a nadar.

el estrés es inevitable.
quemarse es opcional.
la resiliencia es posible.

Escribí este libro con el deseo de ayudarte a desarrollar resiliencia contra el estrés crónico y el desgaste que se han convertido en sellos distintivos del siglo XXI.

Al leer las siguientes páginas, aprenderás formas prácticas de regular tu sistema nervioso, reducir los niveles de estrés y reconectar cuerpo y mente. También obtendrás una mejor comprensión de lo que es el agotamiento profesional y las muchas formas en que tu cuerpo trata de advertirte para que detengas la caída. Mi esperanza es que los ejercicios que encuentres aquí se conviertan en parte de tu vida cotidiana. Como he experimentado el síndrome de desgaste y me he recuperado de él dos veces, puedo afirmar que la prevención es mucho más fácil que la cura.

¿cuál es tu motivo?

Antes de continuar, dedica un momento a pensar tu propósito para leer este libro. ¿Cuál es tu «por qué» para querer reducir los niveles actuales de estrés y ser más resistente al agotamiento? Puede ser una sola palabra o algo más concreto, como un objetivo específico. Compártelo aquí, en las siguientes líneas, y vuelve a él a medida que avances por los capítulos que siguen.

Mi propósito al leer este libro es...

....
....
....
....
....
....
....
....
....
....
....
....

estrés crónico sin recuperación

2

Desde que comencé mi negocio en 2016, todos mis clientes han necesitado ayuda para desarrollar resiliencia contra el agotamiento y recuperarse de años de estrés crónico. Como triunfadores, han trabajado como si su honor fuera en ello y se han estresado como si les fuera el éxito en ello. Al fin y al cabo, si haces grandes cosas, el estrés es una parte inevitable de la vida, ¿no?

A decir verdad, no todo el estrés es malo. De hecho, el buen estrés (el que hace que el corazón se acelere y las hormonas aumenten como resultado de algo emocionante) incluso tiene un nombre: eustrés.
El estrés agudo (el que sientes cuando hablas en público, haces un examen o trabajas con un plazo ajustado) también tiene su lugar, ya que puede mejorar la función cognitiva y mantenerte hiperconcentrado. Siempre y cuando dispongas de tiempo suficiente para recuperarte, el estrés agudo puede conllevar beneficios.

Observa que dije «siempre y cuando dispongas de tiempo suficiente para recuperarte». Aquí es donde la mayoría metemos la pata. En lugar de dar al cuerpo la oportunidad de volver al punto de partida, nos apresuramos a iniciar otra gran tarea. Pisamos con fuerza el acelerador (también conocido como sistema nervioso simpático) justo cuando deberíamos pisar los frenos. Para entender mejor este concepto, echemos un vistazo a lo que realmente sucede en el cuerpo cuando está bajo estrés.

no todo estrés es malo

respuesta al estrés: primera ola

En la primera ola de la respuesta al estrés, la amígdala (el «cerebro de supervivencia») percibe una amenaza a través de los sentidos.

Esto activa el sistema endocrino (las hormonas y las glándulas que las secretan) para liberar adrenalina. Esta descarga inicial de adrenalina ayuda a empujar la sangre hacia los músculos, libera glucosa (azúcar) en el torrente sanguíneo y dilata los bronquios en los pulmones para una mejor respiración.
En cuestión de segundos, todo se desvía para apoyar la energía y el enfoque cerebral. Por otro lado, lo que no ayude a luchar contra la amenaza (o huir de ella) se reduce. Esto incluye la ingesta de alimentos, la lucha contra infecciones y la concepción de bebés. Ahora no es el momento para que los sistemas digestivo, inmunológico o reproductivo brillen.

respuesta al estrés: segunda ola

En la segunda ola de respuesta al estrés, la amígdala y el eje hipotalámico-hipofisario-suprarrenal (HHS) trabajan juntos para ajustar los niveles de estrés en consecuencia. Es cuando decides luchar, huir o permanecer inmóvil. En el caso de la lucha, te mueves hacia el factor estresante. En el caso de la huida, te alejas del factor estresante, y en el caso de permanecer quieto, te haces el muerto. Antaño podría haber surgido la ocasión de luchar contra un león, huir de un tigre o hacerte el muerto frente a un oso. En la actualidad, sin embargo, podrías encontrarte involucrado en una discusión, huyendo de una conversación difícil o sentirte paralizado frente a un texto turbador.

Mientras la amígdala determina la mejor respuesta, el eje HHS activa la principal hormona del estrés, el cortisol, para estimular la función inmune y reponer las reservas de energía que se agotaron durante la descarga de adrenalina de la primera ola.

Una vez que la amenaza ha pasado (ese correo electrónico inesperado, la visita sorpresa de tu ex, la presentación que solo tú puedes realizar), el cuerpo comienza a regresar al estado basal.

Como te decía, el sistema nervioso simpático es como el acelerador, pero ahora es el momento de frenar. En modo «descansar y digerir» o «alimentarse y reproducirse», el sistema nervioso parasimpático ayuda a que todo vuelva a su lugar, incluido lo que perdió prioridad como resultado del estrés agudo. Pero aquí es donde nos encallamos: hasta que permitimos que el cerebro de supervivencia se recupere, el sistema nervioso

respuesta al estrés:

la recuperación

simpático permanece activado y la respuesta al estrés seguirá desencadenándose. Dicho de otra manera, si continúas atrapado en una situación de activación del estrés, te quedarás atascado en la respuesta al estrés. ¡Bienvenido al estrés crónico!

Cuando se trata de estrés crónico, te fuerzas a acelerar de nuevo cuando ni siquiera has comenzado a frenar. Además, la capacidad para tolerar el estrés disminuye cada vez que se ignoran las señales del cuerpo para reducir la velocidad. Al final, esto puede conducir a cambios epigenéticos (funcionamiento de los genes) que desembocan en inflamación crónica. No es necesario el estrés crónico no dura unos momentos, sino que puede prolongarse durante años entrar en detalle sobre la inflamación, pero hay que saber que la inflamación crónica puede conllevar dolor crónico, fatiga crónica, fibromialgia, migrañas, artritis, eczema, enfermedad cardiovascular y síndrome del intestino irritable, entre otros. A diferencia del estrés agudo, el estrés crónico no dura unos momentos, sino que puede prolongarse durante años.

desregulación corporal total

Quizá creas que el desgaste es otra forma de agotamiento, pero la etapa final es un estado de desregulación corporal total. ¿Suena duro? Lo es.

Cuando conocí a mi amigo Michael Stephens, fundador y CEO de We Create Space, un servicio global de planificación de retiros y talleres, surgió el tema del desgaste profesional. Cuando comenzamos a comparar nuestras experiencias, me sorprendieron las similitudes.

—Entonces, un día me desperté y no podía mover el cuello. ¡En absoluto!

—¿Qué? ¿En serio? ¡A mí me pasó lo mismo!

Por extraño que parezca, en el verano de 2011 me desperté una mañana totalmente incapaz de mover el cuello. De la noche a la mañana, me había convertido en un bloque de cemento. Primero vino la rigidez, luego el dolor, y terminé en el consultorio de mi médica al final del día siguiente.

Ella estaba tan confundida como yo y decidió que era conveniente que me viera un traumatólogo, a pesar de no haber tenido ningún accidente. En los días previos a la visita, comencé a investigar y me topé con una afección crónica llamada espondilitis anquilosante. Cuando se lo mencioné al traumatólogo, me dijo que debería pasar más tiempo leyendo novelas románticas y menos leyendo artículos sobre la artritis espinal.
Me envió a casa con un collarín, un analgésico y un recordatorio de no escuchar las palabras de los médicos misóginos. Finalmente, encontré un osteópata que me tomó en serio y me derivó a un amigo reumatólogo.
Tras varias pruebas para confirmarlo, me diagnosticaron oficialmente espondilitis anquilosante en 2012.

Debido a la forma en que el estrés crónico afecta al cuerpo, el desgaste profesional puede provocar una enfermedad crónica. Ahora veo la correlación entre mi enfermedad autoinmune y mis muchos años de estrés no controlado, así como todas las formas en que abusé de mi cuerpo en un intento desesperado por «manejarlo». A menudo me pregunto si las cosas habrían sido distintas si hubiera conocido las prácticas que compartiré contigo en este libro. La realidad es que a menudo podríamos hacer las cosas de otra manera si estamos dispuestos a prestar atención a las señales de advertencia.

el desgaste profesional puede provocar una enfermedad crónica

LAS HORMONAS

A lo largo de este libro, me referiré brevemente a una serie de hormonas que se liberan como resultado del estrés crónico. Aquí las tienes brevemente explicadas:

Insulina: hormona liberada por el páncreas que hace que las células absorban la glucosa (azúcar) de la sangre y la lleven al hígado, los músculos y el tejido graso. Como resultado del estrés crónico, el cuerpo puede volverse menos sensible a la insulina, lo que en última instancia conduce a la resistencia a la insulina y la diabetes.

Cortisol: es la principal hormona del estrés, se produce en las glándulas suprarrenales, situadas sobre los riñones, y puede llegar a desregularse y, en última instancia, disminuir como resultado del estrés crónico. El cortisol crónicamente elevado puede conducir a la resistencia a la insulina, y esta a su vez puede conducir a un cortisol elevado crónico.

Estrógeno: es la principal hormona sexual femenina, aunque también está presente en cuerpos biológicamente masculinos. A lo largo de los años reproductivos, domina la primera mitad del ciclo menstrual y es responsable de construir el revestimiento del útero. En momentos de estrés, el estrógeno y la progesterona pueden desequilibrarse, lo que empeora los síntomas del síndrome premenstrual y produce períodos más abundantes.

Progesterona: es la hormona resultante de la ovulación, liberada por una glándula endocrina temporal en los ovarios llamada cuerpo lúteo. En momentos de estrés, el cuerpo favorece la producción de cortisol sobre la de progesterona. Dado que los receptores de progesterona también regulan el estrógeno, poca progesterona da como resultado una dominancia del estrógeno. En los cuerpos biológicamente masculinos, se produce en las glándulas suprarrenales y los testículos, y es un precursor de la hormona sexual masculina primaria testosterona.

Testosterona: es la principal hormona sexual masculina, producida en los testículos, aunque también se produce en los ovarios y las glándulas suprarrenales en cuerpos biológicamente femeninos. La testosterona también se puede convertir en estrógeno. El estrés crónico y la falta de sueño pueden causar niveles bajos de testosterona, y estos pueden a su vez derivar en ansiedad, desmotivación, fatiga y disminución de la fuerza y la masa muscular.

Tiroides: es la hormona necesaria para controlar el metabolismo, producida en la glándula tiroides. Alrededor del 80 por ciento de la hormona tiroidea es una forma inactiva (T4, tiroxina) y el 20 por ciento es una forma activa (T3, triyodotironina) que puede ser utilizada por las células. El estrés crónico puede hacer que la glándula tiroides se vuelva poco activa (tal es el caso del hipotiroidismo de Hashimoto) o hiperactiva (enfermedad de Graves).

las señales de aviso del desgaste profesional

3

las señales de aviso del desgaste profesional

Cuando experimentas estrés agudo, el cuerpo cambia toda su energía para lidiar con la amenaza inmediata desviando energía del resto de funciones. Cuando nos mantenemos en la respuesta al estrés, el cuerpo continúa priorizando la producción de hormonas del estrés por encima de todo.

En su libro, *Brilliant Burnout*, la doctora Nisha Jackson, describe cuatro etapas de la fatiga suprarrenal: «tensa y cansada», «estresada y deprimida», «resistencia al desgaste» y «agotamiento». Esto me inspiró a crear lo que llamo las Cuatro Fases del Desgaste Profesional, destacando tanto los síntomas físicos que es probable experimentar como los cambios de comportamiento que es probable aplicar para manejarlo. Así es como se manifiesta:

cuatro fases del desgaste profesional

cuando te acuestas, tu mente no para

PRIMERA FASE

- Te sientes estresado, pero el cuerpo aún produce cantidades significativas de cortisol, la hormona del estrés, para ayudar a satisfacer las demandas.

- Es probable que te sientas hiperalerta y te concentres fácilmente en las tareas diarias, es posible que incluso te ofrezcas voluntario para asumir más.

- Por desgracia, a la hora de acostarte, te resulta difícil relajarte y, aunque el cuerpo está cansado, la mente todavía va a toda marcha.

- Es posible que te cueste conciliar el sueño o permanecer dormido. Despertarse entre la 1 y las 3 de la madrugada podría convertirse en algo habitual.

- Es probable que comiences a recurrir a los hábitos del ciclo de reacción al estrés (por ejemplo, pasarte con el azúcar y el alcohol) en un intento de calmarte.

SEGUNDA FASE

- Si el estrés continúa y no le ha dado tiempo al cuerpo para descansar y recuperarse, las glándulas suprarrenales, tiroides, ovarios y sistema nervioso mantienen sus funciones forzados.

- Notarás una sensación de cansancio durante todo el día o dependencia de esa segunda taza de café para mantenerte activo por la tarde.

- Todavía puedes realizar las tareas, pero tal vez experimentes indecisión, olvido, falta de concentración

dormir se convierte

en un problema

y la sensación permanente de estar fuera de juego. ¡Es la mente espesa!

- Dormir se convierte en un problema en esta etapa, ya que tiendes a sentirte despierto justo cuando más deseas descansar.

- Si menstrúas, probablemente notarás un aumento de los síntomas del síndrome premenstrual / tensión premenstrual, así como períodos más abundantes.

TERCERA FASE

- El sistema nervioso, glándulas suprarrenales y cerebro hacen todo lo posible para apoyarte, pero eso significa que las hormonas sexuales, como la testosterona, la progesterona y el estrógeno, se están volviendo inestables.

- En términos de energía, te arrastras todo el día (en especial por la mañana) y comienzas a sentirte agotado.

- Debido a que el estrés también afecta la digestión y la salud intestinal, puedes experimentar sensibilidad a los alimentos, síndrome del intestino irritable o estreñimiento, y afecciones de la piel como acné, caspa y eczema.

- Es probable que oscilles entre la procrastinación extrema y el exceso de trabajo. Pospones las cosas porque estás cansado, pero luego tienes que esforzarte mucho para terminarlo todo en el último minuto.

- Si menstrúas, cabe esperar que surjan síntomas de la dominación del estrógeno, como un fuerte aumento de los síntomas del síndrome premenstrual, disminución del deseo sexual y otros problemas que no se deben ignorar, incluidos los fibromas, quistes ováricos y senos quísticos.

CUARTA FASE

- Estás oficialmente agotado, incluso tras una noche de sueño. En las etapas anteriores, el cuerpo hacía todo lo posible para responder a la mayor demanda de hormonas del estrés, pero eso ya no es así. En este punto, el cortisol cae en picado y tu agudeza mental ha desaparecido.

- La función tiroidea más lenta se manifiesta como metabolismo lento, piel seca, estreñimiento, problemas para dormir y aumento de peso.

- La energía que te quede la dedicarás a tareas menores e inmediatas, ya que careces de energía y visión para objetivos a largo plazo.

- En este punto, todos los sistemas del organismo, incluyendo la tiroides, la piel, los pulmones, el corazón, las articulaciones, las glándulas suprarrenales, el sistema inmunológico, el estómago, el páncreas y el hígado se ven afectados.

- El resultado final podría ser una afección crónica, como una enfermedad autoinmune.

Aunque pueda parecer que pasas de estar en la cima a no poder levantarte de la noche a la mañana, estos cambios a menudo llevan años gestándose. Incluso en la fase final, siempre existe la posibilidad de hacer las cosas de otra manera y ayudarte a ti mismo como nunca lo habías hecho.

tres tipos de desgaste

Muchas personas piensan que el desgaste profesional es siempre el resultado de sobrecarga de trabajo: demasiado que hacer en poco tiempo. Si bien la causa raíz es el estrés crónico, la forma en que experimentamos eso no siempre es igual. Te sorprenderá que las personas también se quemen por tener muy poco que hacer o por no saber realmente lo que deben hacer.

SOBRECARGA

Te has quemado por haber llegado al límite. Puede deberse a tu propia ambición y deseo de éxito, o ser el resultado de una cantidad excesiva de responsabilidad o circunstancias que escapan a tu control. De cualquier manera, te sientes agotado e incapaz de recuperar el aliento. Uno de los mayores malentendidos es que el amor por lo que se hace actúa como una especie de protección, pero en realidad puede hacer que sea más difícil reconocer cuándo el cuerpo necesita un descanso.

Lema para este grupo: No puedo parar, no pararé.

lema para este grupo: No puedo parar, no pararé

FALTA DE ESTÍMULO

Con este tipo de agotamiento, el estrés no proviene de tener demasiado trabajo, sino de tener muy poco. Para alguien que siempre dispone de mucho que hacer, tener muy poco puede sonar como lo opuesto a una situación estresante, pero enfrentarse a pocos retos deja mucho que desear. Imagina que debes enfrentarte al panorama diario de pasar horas aburrido mentalmente, poco estimulado y sin reconocimiento por lo que podrías contribuir si te dieran la oportunidad. Como resultado, te sientes cada vez más frustrado por la falta de oportunidades para el desarrollo y el crecimiento profesional.

Lema para este grupo: Otro día, misma porquería.

ABANDONO

Con este tipo de desgaste, te sientes impotente y sin esperanza. Cuentas con poco o nada que decir en tu día a día, por lo que constantemente sientes que las cosas escapan a tu control. Los roles en el trabajo están mal definidos y la probabilidad de que se te culpe por extralimitarte (u holgazanear) es alta. Como cabe imaginar, andar siempre tratando de adivinar lo que deberías estar haciendo en ausencia de expectativas claras puede pasar factura y, finalmente, dejarás de intentar ejercer cualquier tipo de influencia o toma de decisiones.

Lema para este grupo: Sonríe y aguanta.

COSAS QUE TENER PRESENTES:

1   El desgaste profesional es más que simplemente estar cansado de tu trabajo.

2   Quemarse consta de cuatro fases distintas que involucran el cerebro (sistema nervioso central), el sistema nervioso autónomo (simpático y parasimpático) y el sistema endocrino (hormonas y glándulas).

3   El desgaste es el resultado del estrés crónico sin recuperación.

4   Las personas que aman lo que hacen pueden, y ocurre a menudo, quemarse.

5   Tu nivel de éxito no determina la probabilidad de quemarte; la capacidad para manejar el estrés y recuperarte de él sí la determina.

Ahora que comprendes mejor lo que es el desgaste profesional, el impacto en el organismo y las diferentes formas en que puede aparecer en tu vida, comencemos a explorar las maneras de desarrollar resiliencia.

PREGUNTAS PARA LA REFLEXIÓN

1 En tu vida personal y profesional, ¿qué es lo más probable que desencadene tu respuesta al estrés?

....

....

2 ¿Cuándo fue la última vez que recuerdas haberte sentido estresado? ¿Qué tenía que decir tu mente al respecto? ¿Qué notaste que sucedía en tu cuerpo?

....

....

3 ¿Cómo se ha manifestado el agotamiento en tu vida hasta ahora? ¿Qué síntomas de la lista anterior notaste o notas?

....

....

4 ¿Qué aprendiste de esa situación que puedas compartir con un amigo?

....

....

¿cómo se ha manifestado el agotamiento en tu vida?

nutrición

4

«Vas a enfermar de diabetes.»

Era la primavera de 2010 y acababa de tener una conversación difícil con mi madre sobre mi peso. Desde que llegué a Barcelona para trabajar como docente seis meses atrás, había engordado nada menos que 25 kilos. Si conoces Barcelona, sabrás que encontrar comida deliciosa nunca es un problema. No puedes caminar una manzana sin pasar por un restaurante o cafetería que parezca estar llamándote. Por desgracia, el aumento de mi cintura no era el resultado de probar toda esa comida.

A diferencia de ahora, cuando realmente disfruto de la comida, en aquellos días comer era solo otra forma de escapar del estrés. Estaba lejos de mi familia y amigos, comenzaba mi vida desde cero en un país extranjero, sintiéndome perdida a los veinte años y dedicándome en exceso a un trabajo que no disfrutaba. Si recuerdas las descripciones de los tres tipos de desgaste del primer capítulo (p. 38), fue una combinación de sobrecarga (demasiado que hacer) y negligencia (poca dirección a la hora de hacerlo). Ese día en particular, acababa de confesar que había terminado una caja entera de galletas y un bote de crema de chocolate y avellanas sentada sola en mi habitación un domingo por la tarde. No era un hecho aislado, sino algo que se había convertido en parte de mi rutina de fin de semana. Todo lo que hacía para calmar el estrés emocional de mi mente creaba un gran estrés físico en mi organismo y estaba empezando a notarse.

comer era solo otra forma de escapar del estrés

Probablemente estés familiarizado con el estrés emocional, pero es posible que no tanto con el estrés físico. El estrés emocional ocurre en tu mente y el físico en tu cuerpo. Algunos ejemplos de estrés emocional serían sentirse irritado o reaccionar mal con los seres queridos, darle vueltas a un punto de vista negativo, sentirse ansioso y fácilmente abrumado. Los ejemplos de estrés físico incluyen cambios en el nivel de energía, dolores de cabeza, gases e hinchazón, problemas para dormir y dolor muscular. Desgraciadamente, lo que muchos de nosotros aplicamos en un intento de reducir el estrés emocional son las mismas cosas que aumentan nuestro estrés físico:

estrés emocional

y estrés físico

- El alcohol puede ayudar a relajarse en el momento, pero se ha demostrado que interrumpe los patrones de sueño y desencadena ansiedad al día siguiente.

- Engullir una caja de galletas puede resultar una liberación dulce, pero el azúcar en la sangre contribuye a los cambios de humor, la tristeza y la irritabilidad en las horas siguientes.

- El café da la ilusión de energía, pero también ejerce una presión adicional sobre las glándulas suprarrenales ya sobrecargadas, especialmente cuando buscas esa segunda o tercera taza del día.

¡BEBE!

¿Sabías que incluso estar ligeramente deshidratado es una forma de estrés físico? Solo estar 500 ml por debajo de la ingesta diaria recomendada de agua puede hacer que los niveles de cortisol aumenten. Para mantener la hidratación, proponte beber 2,75 litros al día, 500 ml de los cuales pueden provenir de frutas y verduras ricas en agua.

Trata de tomar 1 litro de agua a primera hora de la mañana, un litro a media mañana después del desayuno y otro a media tarde después del almuerzo. Después de la cena, puedes optar por infusiones, que también cuentan.

Si la idea de beber agua a secas no te tienta, esta es una manera de preparar una deliciosa infusión:

6 tazas (1,5 litros) de agua

1 pepino mediano, en rodajas

2 limas (1 exprimida, 1 en rodajas)

Un puñado de hojas de menta cortadas en tiras

intenta tomar un litro de agua a primera hora de la mañana

Mezcla todos los ingredientes en una jarra y déjalos en el frigorífico durante unas horas.

Las limas previenen la hinchazón, mejoran la digestión y reducen la inflamación. El silicio y los antioxidantes del pepino aportan a la piel un brillo saludable, mientras que la menta posee compuestos que facilitan la relajación y reducen el estrés.

proteína + grasa + fibra

Si deseas ayudar a tu cuerpo en momentos de estrés, es clave mantener un nivel de azúcar en la sangre equilibrado. ¿Cómo? Incluye proteínas, grasas y fibra en todas tus comidas y refrigerios.

Piensa en la proteína, la grasa y la fibra como la fórmula mágica que mantendrá tu estado de ánimo y tu energía estables. Esto se debe a su efecto estabilizador sobre el azúcar en la sangre y, por lo tanto, la insulina. Como decía en el último capítulo, la insulina es una hormona liberada por el páncreas y tiende a eliminarse cuando el cortisol (la principal hormona del estrés) es alto (consulta también la p. 28).

Cuando tomas demasiado azúcar, como yo hacía con los paquetes de galletas, creas fluctuaciones del nivel de azúcar en la sangre. La insulina es como el guardaespaldas destinado a mantener todo esto bajo control, por lo que cuanto más azúcar tomes, más insulina liberará el páncreas. Sin embargo, si continúas propasándote, los niveles de insulina permanecerán crónicamente altos. Las células acabarán por dejar de responder a ella como deberían, que es lo que sucede en el caso de la resistencia a la insulina.

En circunstancias normales, el cortisol contrarresta la insulina, pero en momentos de estrés crónico, los niveles crónicamente altos de cortisol pueden conducir a la resistencia a la insulina y esta, a niveles crónicamente altos de cortisol. Por tentadoras que sean la tableta de chocolate o la bolsa de patatas fritas, en realidad le dan a tu cuerpo más trabajo con el que lidiar, ya que tratará desesperadamente de volver al equilibrio. El objetivo de incluir una combinación de proteínas, grasas y fibra en comidas y tentempiés puede marcar la diferencia.

proteína

Es importante obtener suficiente proteína todos los días, en especial en momentos de estrés crónico. Por desgracia, también es el macronutriente que la mayoría de mis clientes escatiman más. Por regla general, proponte de 1 a 1,5 g de proteína por cada kilo de peso corporal o un puñadito en cada comida.

Además de mantener estable el azúcar en la sangre, comer suficiente proteína contribuye a un mejor estado de ánimo, mayor nivel de concentración y menos antojos de azúcar. He aquí algunas excelentes fuentes de proteínas:

- **Pescado** (en especial, el pescado azul, como el salmón, la caballa y las sardinas salvajes capturados con técnicas responsables)

- **Aves de corral ecológicas o camperas** (pollo, pavo)

- **Carne magra de vacuno alimentado con pasto**

- **Legumbres** (como lentejas y garbanzos)

- **Tofu y tempe** (soja fermentada)

- **Proteína en polvo** (preferiblemente suero de leche procedente de animales de pasto, o de origen vegetal sin edulcorantes artificiales)

incluye proteína, grasas y fibra en todas las comidas

AVENA CON PROTEÍNA EN POLVO

1 RACIÓN

La mayoría de la gente sabe lo de agregar una cucharada de proteína en polvo a su batido favorito, pero también se puede añadir a un desayuno a base de avena. Esta es la combinación que tomo para desayunar la mayoría de los días de la semana:

½ taza (75 g) de copos de avena

¼ de taza (30 g) de proteína de suero de leche chocolateada en polvo, procedente de animales de pasto

½ cucharadita de canela de Ceilán (opcional, pero ideal para equilibrar el azúcar en la sangre)

1 taza (200-250 ml) de leche de almendras sin azúcar

1 cucharada grande de mantequilla de frutos secos

Nibs de cacao crudo

Agrega la avena, la proteína en polvo y la canela a un tarro y remueve. Añade la bebida de almendras, agita bien y mételo en la nevera toda la noche. Por la mañana, sírvelo en un tazón, añade manteca de frutos secos y espolvorea con nibs de cacao.

grasa

Hay muchas cosas que extraño de los años noventa, ¡pero la locura de productos sin grasa no es una de ellas! Junto con la fibra, la grasa ralentiza la digestión y el aumento de la glucosa (azúcar) en el torrente sanguíneo. Esto significa que la insulina no aumenta, es más probable que uno se sienta saciado después de una comida y durante horas.

Entre las mejores fuentes de grasa se encuentran:

• **Aceite de oliva virgen extra**

• **Aceite de coco virgen extra**

• **Mantequilla de animales de pasto**

• **Frutos secos y semillas**

• **Ghee**

También puedes comer más pescado graso, rico en ácidos grasos omega-3, o tomar un suplemento de omega-3. Estos ácidos grasos afectan el estrés físico y emocional percibido al influir directamente en el cerebro y las células del sistema nervioso central. Pueden reducir los síntomas de ansiedad, prevenir la agresividad hacia los demás en momentos de estrés y disminuir las consecuencias negativas para la salud derivadas de la exposición al estrés crónico.

las grasas ralentizan la digestión

reduce
el dolor y la
inflamación,
mejora la
memoria
y la función
cerebral,
y levanta
el ánimo

LECHE DORADA

1 RACIÓN
El color dorado de esta bebida proviene de la cúrcuma, una poderosa planta antiinflamatoria, excelente para contrarrestar el estrés físico. Además de tener un sabor delicioso, reduce el dolor y la inflamación, mejora la memoria y la función cerebral, y levanta el ánimo cuando se consume regularmente. Si padeces estreñimiento por la mañana, 1-2 cucharaditas de ghee puede ayudar a regular el tránsito intestinal. La grasa del ghee también ayuda al organismo a absorber mejor los nutrientes de la cúrcuma y puede reducir la inflamación, en especial del intestino.

1 taza (250 ml) de bebida de almendra sin edulcorar

1 cucharadita de ghee

½ cucharadita de canela de Ceilán

½ cucharadita de jengibre en polvo

2 cucharaditas de cúrcuma en polvo

Una pizca de pimienta negra

1-2 cucharaditas de miel, al gusto

Calienta la leche de almendras y el ghee en un cazo a fuego lento hasta que hierva, luego añade las especias y la miel.

fibra

Una de las mejores maneras de incluir los 35-45 g recomendados de fibra en la dieta diaria es mediante la inclusión de carbohidratos. Aunque las dietas bajas en carbohidratos han atraído mucha atención en los últimos años, un consumo demasiado bajo no es lo mejor, en especial cuando ya se está estresado. Los carbohidratos ricos en fibra pueden ayudar a dormir mejor, mantenerse equilibrado y sentirse más tranquilo todo el día. Mis favoritos incluyen:

duerme mejor y

mantente equilibrado

- **Frutas:** bayas, aguacates, manzanas, kiwis, ciruelas pasas.

- **Verduras:** brócoli, zanahorias, espinacas, col rizada, alcachofas, boniatos.

- **Legumbres:** lentejas, garbanzos, alubias, guisantes partidos.

- **Cereales integrales:** avena, trigo sarraceno, arroz integral, palomitas de maíz.

- **Frutos secos y semillas:** almendras, semillas de chía y lino.

Come 4-6 tazas de verduras al día y 2-3 raciones de fruta.

¿GANAS DE PICAR?

A veces solo apetece picotear algo y es fácil pasarse con los productos procesados. La próxima vez, satisfaz tu deseo con uno de estos bocados ricos en fibra:

- **Palomitas de maíz preparadas en tu cocina con aceite de coco virgen extra**. Yo les añado sal rosa del Himalaya y aceite de linaza. Las palomitas de maíz son ricas en fibra, ideal para mantener el tránsito intestinal y saciarte. El aceite de coco y el aceite de linaza ayudan a las hormonas y el intestino, y la sal rosa del Himalaya es justo lo que precisan las glándulas suprarrenales.

- **Pastillas de chocolate negro (85/90 por ciento de cacao) y rodajas de manzana.** Si se te antoja chocolate, es posible que tu cuerpo busque magnesio (o tal vez solo necesites un momento de placer). De cualquier manera, el chocolate negro aportará una dosis de ambos. Al combinar chocolate y manzanas, no solo obtienes fibra adicional, sino que los antioxidantes específicos presentes en ambos se complementan entre sí y se vuelven aún más efectivos.

- **Tortas de arroz integral con tahina y alga nori.** Además de proporcionar grasa, la tahina (pasta de semillas de sésamo) presenta compuestos saludables para el cerebro. Las algas marinas añaden sabor y su yodo ayuda en la producción de la hormona tiroidea. Las tortitas de arroz integral aportan un toque crujiente y son una fuente de fibra sin gluten.

sáciate con uno de estos tentempiés ricos en fibra

- **Bastoncitos de zanahoria con guacamole.**
  Las zanahorias no solo ofrecen ese crujido
  satisfactorio, sino que también son ricas en
  fibra y antioxidantes como la vitamina A y el
  betacaroteno. Curiosamente, se ha descubierto
  que previenen la reabsorción de estrógeno en el
  intestino, lo que las convierte en una excelente
  opción para prevenir el dominio relativo del
  estrógeno que pueden acarrear los períodos de
  estrés. Combina los bastoncitos de zanahoria
  con guacamole para redondear la merienda.

unirlo todo

He aquí algunos ejemplos de recetas para incluir proteína, grasa y fibra en todas las comidas y tentempiés a lo largo del día.

Si tu dieta incluye carne y pescado, tu menú del día podría constar de:

- **Desayuno:** un batido con proteína en polvo, aguacate y bayas.

- **Tentempié de la mañana:** una manzana y un puñado de almendras.

- **Almuerzo:** una gran ensalada con muchas verduras, pescado y aceite de oliva.

- **Merienda:** un par de kiwis y un yogur natural.

- **Cena:** pollo campero con brócoli y boniatos asados.

Si eres vegetariano o vegano, tu menú del día podría ser este:

- **Desayuno:** un batido con proteína vegetal en polvo, aguacate y bayas.

- **Tentempié de la mañana:** una manzana y un puñado de almendras.

- **Almuerzo:** una gran ensalada con muchas verduras, alubias y aceite de oliva.

- **Merienda:** bastoncitos de zanahoria y hummus.

- **Cena:** curri de lentejas con arroz integral y leche de coco.

La alimentación saludable no consiste en seguir una dieta perfecta, sino que trata de ayudar al cuerpo con alimentos que te hagan sentir aún más vivo.

la alimentación saludable no consiste en seguir una dieta perfecta

PREGUNTAS PARA LA REFLEXIÓN

1 ¿A qué hora del día suele entrarte el hambre?
¿Qué vas a buscar normalmente?

....

....

2 Cuando te das el gusto, ¿disfrutas del momento
presente o tratas de escapar de él?

....

....

3 ¿Cambia la elección de alimentos la falta de sueño?

....

....

4 ¿Qué alimentos de refuerzo incluyes actualmente
en tu rutina? ¿De cuáles te gustaría comer más?

....

....

ejercicio físico

5

disculpa, no sé por dónde empezar; es mi primer día.

«Disculpa, no sé por dónde empezar; es mi primer día.»

Acababa de llegar a un lugar donde nunca pensé que pondría un pie: el gimnasio. Había ido con la idea de usar la máquina elíptica o la cinta de correr durante media hora, y en su lugar había terminado en una clase de entrenamiento de fuerza llamada Body Pump.

A pesar de sentirme nerviosa, me acerqué al instructor, el cual debo reconocer que fue mi principal motivación para entrar a la clase aquel día, e hice algo extraño en mí: admití que no tenía idea de lo que estaba haciendo. Afortunadamente, no solo era guapo, sino también muy amable, y me mostró los aparatos y pesas y se aseguró de que me sintiera cómoda con todo antes de comenzar.

De niña, se reían de mí por mi falta de capacidad atlética y durante muchos años era reticente a hacer ejercicio en público, incluso de adulta. Si lo hacía, generalmente era por miedo a aumentar de peso o como castigo por lo que había comido el día anterior. Todo eso cambió, sin embargo, en el otoño de 2016. A punto de separarme de mi entonces esposo e insegura de cómo sería la vida como madre soltera, me encontré enfrentándome a un tipo de estrés que nunca había experimentado. En la escala Holmes-Rahe de estrés, el divorcio ocupa el número dos en los diez eventos más estresantes de la vida, justo después de la muerte de un cónyuge o hijo, y justo antes de la separación matrimonial. Sabía que no quería caer en hábitos destructivos como me había pasado durante el primer año en España, por eso ahora estaba decidida a adoptar otra táctica.

Completé la clase ese día sin peso adicional, solo la barra en sí para concentrarme en la forma. Desde el principio, todos me hicieron sentir bienvenida y eso me dio el pequeño empujón que necesitaba para seguir. Durante las siguientes semanas, fui añadiendo más y más peso y esforzándome con cada serie. Si podía terminar cómodamente, sabía que no estaba haciendo lo suficiente y que en realidad era más fuerte de lo que pensaba.

No pasó mucho tiempo antes de que me diera cuenta de la bendición que eran las clases de gimnasia para mi salud mental. Al final, añadí clases de Zumba y Body Balance a la rutina. Los días que me despertaba triste y abrumada por la pesadez de los trámites del divorcio, practicar ejercicio me dio la oportunidad de volver a mi cuerpo a buscar refugio de la tormenta. Comprobé que cuanto más fuerte era físicamente, más podía manejar emocionalmente. Mi cuerpo ya no era mi adversario, sino mi mayor aliado.

Cuando te sientes abrumado por tus responsabilidades y todo parece venir a la vez, puede ser tentador vivir desde el cuello hacia arriba e ignorar las necesidades del cuerpo. Como descubrí en el año de mi divorcio, sin embargo, el ejercicio físico regular es clave para reducir el impacto negativo del estrés crónico. Hay muchas maneras diferentes de mover el cuerpo para devolverlo a un lugar seguro y hacerle saber que la amenaza inminente ha pasado. Como afirman las doctoras Emily Nagoski y Amelia Nagoski en su libro *Hiperagotadas*: «la actividad física es la estrategia más eficiente para completar el ciclo de respuesta al estrés». Todo movimiento posee valor, pero la clave es encontrar una actividad con la que realmente disfrutes para que se convierta en algo que esperas en lugar de algo que temes.

cuanto más fuerte era físicamente, más podía manejar emocionalmente

O SEA, ¿QUE NO TE GUSTA EL EJERCICIO?

Si el ejercicio físico no se encuentra en tu lista de actividades preferidas, estas ideas pueden ser de ayuda:

1 Decide que amas tu cuerpo tal como es.

Tal vez suene contradictorio, pero como dice la famosa cita de Carl Rogers: «cuando me acepto tal como soy, entonces puedo cambiar». Cuando ya no haces ejercicio con la esperanza de perder peso o transformar tu físico, ya no estás atado a los resultados. Esto significa que puedes disfrutar completamente de la experiencia sin que te agobien las expectativas y la decepción de no haberlas cumplido.

2 No dejes que tu miedo a lo que otras personas piensen determine tus actos.

Durante años, tuve miedo de no hacerlo todo «bien», de no ser la mejor desde el principio, de la opinión de otros y del ridículo ante estos. El hecho es que nadie podría haber sido tan duro como yo lo fui conmigo misma y, al fin y al cabo, una persona que te critica en realidad lo que está haciendo es compensar sus propias inseguridades.

3 Combínalo con placer.

Cuando se trata de adquirir un nuevo hábito, siempre ayuda combinarlo con algo que te traiga alegría. Tal vez comprar un nuevo par de zapatillas de un color divertido. Tal vez invertir en un nuevo conjunto para el gimnasio que te apetezca ponerte o incluso crear una lista de reproducción con todas las canciones que te encantan: incluso cuando estoy triste, ¡la música siempre me activa!

4 Comprométete y obtén apoyo.

Es mucho más fácil presentarse en el gimnasio cuando sabes que alguien te está esperando. Ahora prefiero hacer ejercicio en casa, pero cuando estaba creando el hábito del ejercicio, tuve la suerte de contar con un entrenador que nos hacía sentir importantes a todos. También me relacioné con compañeros de gimnasio con quienes me gustaba charlar antes o después de clase. Nunca subestimes el poder de la conexión.

entrenamiento cardiovascular

El entrenamiento cardiovascular, o «cardio» para abreviar, es una forma efectiva de cuidar el corazón, aumentar la longevidad y controlar el estrés. Según la Asociación Cardíaca Americana, hay que tratar de realizar actividad cardiovascular de intensidad moderada durante un mínimo de 30 minutos 5 días a la semana, o actividad cardiovascular de intensidad moderada 20 minutos 3 días a la semana.

«cardio» para

controlar el estrés

Las actividades de intensidad moderada se realizan al 55-70 por ciento de la frecuencia cardíaca máxima con un esfuerzo que hace que la respiración sea pesada. Es posible hablar, pero no mantener una conversación. Las actividades cardiovasculares de intensidad moderada requieren un mayor esfuerzo, hasta el punto en que solo se pueden decir unas pocas palabras o apenas respirar.

Si estás comenzando, opta por cardio continuo de baja intensidad en «estado estacionario», es decir, manteniendo la frecuencia cardíaca en el mismo rango. Como la intensidad es menor, el tiempo óptimo para este tipo de actividad suele ser mayor. Por ejemplo,

una actividad de intensidad moderada pueden ser
30 minutos de carrera, mientras que una de intensidad
baja puede ser un paseo brioso de 60 minutos.

El entrenamiento cardiovascular reduce los sentimientos
de depresión y ansiedad al tiempo que aumenta los
niveles de endorfinas en el cerebro. Las endorfinas son
neurotransmisores, o mensajeros químicos, producidos
en el hipotálamo y la glándula pituitaria. A menudo se
las conoce como hormonas de la «felicidad» debido a su
efecto positivo en el estado de ánimo. Y se ha demostrado
que aumentan la confianza, lo que lleva a una imagen más
positiva de uno mismo y mayor autoestima.

Algunos ejemplos de cardio:

- **Caminar a paso ligero.**

- **Correr.**

- **Remo.**

- **Excursionismo.**

- **Uso de la máquina elíptica.**

- **Ciclismo.**

- **Aquagym.**

- **Natación.**

imagen positiva de uno mismo y mayor autoestima

entreno de fuerza

Quizás pienses que entrenar la fuerza solo es adecuado para aumentar la musculatura o «ponerse cuadrado», pero los beneficios van más allá del aspecto físico.

Igual que el ejercicio aeróbico, también ayuda a subir el ánimo, y mejora la memoria y rendimiento de aprendizaje debido a la diafonía entre músculos y cerebro. Para las personas que menstrúan, también ayuda a reducir los síntomas del síndrome premenstrual / tensión premenstrual debido a su efecto sobre la dominancia relativa de estrógenos.

En tiempos de estrés crónico, el organismo reduce la producción de progesterona a favor del cortisol (véase la p. 28). Dado que la progesterona está destinada a modular el estrógeno, esto a menudo resulta en una dominancia relativa del estrógeno y una mayor acumulación de grasa. Como las células grasas también secretan estrógeno y los niveles más altos de estrógeno fomentan la producción de grasa, la construcción de más músculo magro a través del entrenamiento de fuerza puede reequilibrar las cosas y contrarrestar este efecto. Además, si experimentas síntomas de niveles bajos de testosterona como fatiga, bajo deseo sexual y falta de motivación, el entrenamiento de fuerza es la mejor forma de ejercicio para recuperarlos.

Si eres nuevo, empieza con pesas más ligeras y aumenta de forma gradual. Ten en cuenta que debes sentir los primeros signos de fatiga muscular alrededor del 75 por ciento de la serie. Si planeas entrenar en casa, es buena idea disponer de un conjunto de mancuernas ligeras, medianas y pesadas, ya que los diferentes grupos musculares requerirán diferentes pesos. En general, debes proponerte de cinco a diez ejercicios dirigidos a los principales grupos musculares, y de dos a cuatro series de 10 a 15 repeticiones. Puedes comenzar con seis si usas un peso grande. Cuanto más peso, menos repeticiones.

Una rutina básica de cuerpo completo puede consistir en flexiones de bíceps, extensiones de tríceps, prensas de hombros, sentadillas y zancadas, incluyendo tres rondas de diez repeticiones de cada ejercicio. Descansa siempre 30 segundos entre ejercicios y 90 segundos entre rondas.

hiit

El entrenamiento de intervalos de alta intensidad (HIIT, en sus siglas en inglés) implica alternar períodos de trabajo y períodos de descanso, o recuperación activa. Disminuye la ansiedad, el estrés y la depresión, y aumenta la resiliencia.

disminuye la ansiedad, el estrés y la depresión, y aumenta la resiliencia

Al igual que el entrenamiento cardiovascular de intensidad moderada descrito anteriormente, también aporta endorfinas. No se recomienda hacer este tipo de ejercicio todos los días, pero dos o tres entrenos semanales por lo general se toleran bien sin mayor riesgo de lesiones. Se puede realizar al final de una sesión de entrenamiento de fuerza o programarse como un entrenamiento independiente.

Tabata es un protocolo HIIT que ha ganado popularidad en los últimos años y consiste en 20 segundos de trabajo de máximo esfuerzo, seguidos de 10 segundos de descanso, durante ocho rondas, para un total de cuatro minutos. Siempre que realices este tipo de entrenamiento, incluye de cinco a diez minutos de cardio de intensidad moderada para calentar y luego termina con un enfriamiento de cinco minutos. Si deseas probarlo, hay muchos entrenos disponibles en línea con cuatro rondas de Tabata a completar en 20 minutos.

Una advertencia: debido a que también se ha demostrado que el entreno HIIT aumenta los niveles de cortisol circulante, no es la mejor opción para aquellos que están en las últimas etapas del desgaste profesional, y debe evitarse cuando se acerca la hora de acostarse.

POCO PERO CONSTANTE

Si crees que el ejercicio debe tomar mucho tiempo para ser efectivo, es posible que lo estés evitando por creer que no podrás hallar una o dos horas en tu ajetreado día. Afortunadamente, eso no es necesario cuando se trata de manejar eficazmente el estrés, mejorar el enfoque mental o mejorar la salud en general.

Los entrenos más cortos también son excelentes para adquirir el hábito del ejercicio. Puede parecer mucho menos para el cerebro emocional proponerse saltar en una cama elástica diez minutos en lugar de asistir a una clase de entreno militar de una hora de duración. He aquí algunas ideas para comenzar:

- **Diez minutos de yoga.**

- **Circuitos de siete minutos donde haces una serie de ejercicios durante 60 segundos cada uno.**

- **Diez minutos saltando en una cama elástica**

- **Diez minutos de baile.**

- **De 20 a 30 minutos de entrenamiento de fuerza.**

adquiere el hábito del ejercicio físico regular

Muchos de mis clientes creen que si el ejercicio no es de alto impacto, no vale la pena. Sin embargo, pasarse con el entreno de alta intensidad puede conducir a niveles elevados de cortisol, disfunción tiroidea y trastornos del sueño. Ten en cuenta que si te sientes más agotado que con energía después de entrenar, debes bajar la intensidad y darle al cuerpo el tiempo que necesita para recuperarse.

cuerpo, respiración y mente

qigong (chi-kung)

Hay más de 3600 estilos diferentes de qigong (chi-kung), pero todos se centran en tres elementos: cuerpo, respiración y mente. Los movimientos específicos del qigong ayudan a revitalizar el cuerpo al favorecer el flujo de sangre y oxígeno, agudizan la mente al mejorar la claridad mental y el enfoque, y aprovechan el poder de la respiración para calmar el sistema nervioso simpático y volver a un estado de equilibrio.

Si te estás recuperando del desgaste o simplemente no te apetece un entreno de alta intensidad a primera hora de la mañana, el qigong podría ser adecuado para ti.

yoga

Entre los muchos beneficios del yoga, la regulación del sistema nervioso está entre los principales. Varios estudios han demostrado que practicar yoga regularmente puede ayudar a mejorar el sueño, el estado de ánimo, la concentración y el bienestar general. Dependiendo de cómo elijas practicar, puede incorporar respiración, meditación y movilidad, todo lo cual activa el sistema nervioso parasimpático de diversas maneras.

Si te sientes intimidado por el yoga porque careces de flexibilidad, te alegrará saber que el yoga no trata de quién puede doblarse más. De hecho, el objetivo es encontrarse con el propio cuerpo y atenderlo en consecuencia. Algunas posturas que pueden resultar reparadoras en momentos de estrés incluyen el gato-vaca, la postura del niño, la postura de piernas alzadas contra la pared y la savasana (postura del cadáver).

Los ejercicios de estiramiento y movilidad en general alivian la rigidez y mejoran la circulación.

menos rigidez y

mejor circulación

sacudidas

Es una manera simple de activar el sistema nervioso parasimpático y salir de la respuesta de lucha o huida.

Primero, sacude el brazo derecho, luego agita la pierna derecha. Ahora sacude el brazo izquierdo, seguido de la pierna izquierda. Termina sacudiendo tu cuerpo de pies a cabeza. Continúa durante cinco minutos o más y observa lo diferente que te sientes. Date la oportunidad de soltarte y permitir que tu cuerpo te guíe.

déjate guiar por el cuerpo

PREGUNTAS PARA LA REFLEXIÓN

1 Piensa en un momento en que tu cuerpo se sintió energizado y vivo. ¿Qué estabas haciendo?

....
....
....

2 ¿Qué tipo de ejercicio podrías iniciar que involucrara un elemento de esa experiencia?

....
....
....

3 ¿Qué creencias negativas albergas sobre el ejercicio que te han estado frenando?

....
....

4 ¿Qué cambiaría si abandonaras esa creencia? Piensa en algo positivo con que reemplazarla.

....
....
....

sueño y descanso

6

—Son las nueve. Deberías estar en la cama.

—TÚ deberías estar en la cama, mamá. Tú también necesitas dormir.

Esta es una conversación típica entre mi hijo de ocho años y yo una noche cualquiera. Como no tiene que levantarse hasta las 8 de la mañana, acostarse a las 9 de la noche le asegura las once horas de sueño que se recomiendan para los niños en edad escolar. Sin embargo, si se saliera con la suya, ambos nos iríamos a la cama al mismo tiempo.

No recuerdo un momento en mi vida en el que tuviera ganas de irme a la cama. Siempre he preferido quedarme despierta hasta tarde. Como muchos de los que tenemos hijos pequeños, a menudo parece que el único momento para relajarnos son las primeras horas de la noche.

Cuando el cortisol y la melatonina están en sus rangos óptimos, sentirse cansado a las 10 de la noche debe ser normal. Por desgracia, los niveles altos de cortisol debidos al estrés crónico pueden dar cuerda justo cuando tocaría arroparse. Si has tenido tiempo para ti y sientes que has hecho todo lo de la lista de tareas, puede ser más fácil dar por terminado el día. Por otro lado, si has estado ocupado al máximo o demasiado cansado para hacerlo todo, puedes sentirte tentado a permanecer despierto. Sucumbir a esta tentación muchas noches seguidas e irse a dormir después de la medianoche podría convertirse fácilmente en tu nueva normalidad.

baja el ritmo y da el día por acabado

Aunque las nueve suenen temprano, en especial para una adulta que vive en España desde hace 14 años, mi hijo tiene razón. Con la excepción de los meses de verano, ya está oscuro afuera, que es una de las señales más básicas que afectan tu ritmo circadiano.

Los ritmos circadianos, según los define el Instituto Nacional de Ciencias Médicas Generales, son «cambios físicos, mentales y de comportamiento que siguen un ciclo de 24 horas». Cuando las hormonas funcionan de manera óptima y los niveles de estrés están bajo control, un ritmo circadiano típico implica estar despierto durante el día y dormido durante ocho horas o más por la noche.

cambios físicos, mentales

y de comportamiento

Dentro de una parte del cerebro llamada hipotálamo, hay un grupo de 20 000 células nerviosas que forman el núcleo supraquiasmático. Este núcleo envía señales a la glándula pineal cuando necesita producir melatonina, en gran parte como resultado de su exposición a la luz y la oscuridad.

Por lo tanto, es posible estimular tu ritmo circadiano exponiéndote a la luz solar a primera hora de la mañana y atenuando todas las luces antes de acostarte. Sin embargo, quedarte despierto hasta tarde enganchado a Instagram surtirá el efecto contrario.

la falta de sueño se asocia con presión arterial elevada, ciclos menstruales irregulares, hipotiroidismo, depresión y ansiedad

el sueño es crítico para el equilibrio hormonal y la reparación celular

No es solo la melatonina la que se elimina cuando no practicas una buena higiene del sueño. Muchas otras hormonas también se ven afectadas por la duración y la calidad del sueño nocturno:

Insulina: la sensibilidad a la insulina disminuye y el azúcar en la sangre permanece alto.

Cortisol: la producción de cortisol aumenta.

Leptina: la producción de leptina (la hormona de la saciedad) disminuye.

Lenomorelina: la producción de lenomorelina (la hormona del hambre) aumenta.

Tiroides: la producción de hormona estimulante de la tiroides aumenta.

Hormona del crecimiento: se suprime la producción.

Progesterona, estrógeno y testosterona: todas disminuyen con el tiempo.

CORTISOL Y MELATONINA

El cortisol puede ser la principal hormona del estrés, pero cumple una serie de funciones incluso cuando todo va bien, como levantarte de la cama por la mañana. Sigue lo que se conoce como un patrón diurno:

- Entre las 6 y las 8 h obtienes una explosión de cortisol (la respuesta para despertar) que te levanta de la cama.

- Treinta minutos después de despertar, los niveles de cortisol están en su punto más alto del día.

- Después del pico de la mañana, los niveles caen a menos de la mitad al mediodía.

- Los niveles de cortisol alcanzan el punto más bajo alrededor de la medianoche, lo que permite que las células se reparan y sanen.

Como mencionaba anteriormente, la melatonina se produce en la glándula pineal del cerebro y los niveles altos permiten al organismo saber cuándo es hora de irse a dormir. Presenta una relación inversa con el cortisol, por lo que cuando el cortisol es alto, la melatonina es baja. Esto es bueno a las 8 h, cuando hay que comenzar el día, pero es menos deseable después de las 10 de la noche, cuando habría que relajarse.

Cuando el cortisol se desregula como resultado del estrés crónico, la producción de melatonina también puede ser suprimida. Esto a menudo conduce a un «subidón de energía» cuando sería hora de acostarse y una sensación de cansancio al despertar por la mañana.

Nuestra libido también se ve afectada. Además de que la falta de sueño pasa factura a las hormonas sexuales, como el estrógeno y la testosterona, y favorece a las hormonas del estrés, como el cortisol, es menos probable que estés de humor para el hacer amor si estás agotado. Esto puede parecer básico, pero el cansancio es la razón más común por la que la mayoría de las parejas pierden interés en las relaciones sexuales, al menos según los terapeutas sexuales.

Así como el sueño puede afectar a las hormonas, estas también pueden afectar al sueño. Pregunta a cualquier persona en la perimenopausia (alrededor de los diez años previos al período menstrual final) y lo más probable es que te diga que su sueño se ha alterado. La progesterona baja, por ejemplo, puede provocar despertares en plena noche, mientras que el estrógeno bajo puede provocar sudores nocturnos que dejen las sábanas empapadas.

el estrés crónico puede afectar el sueño y la falta de sueño puede provocar estrés crónico

Si has seguido el hilo, ya sabes que con el estrés crónico se producen niveles elevados de cortisol. Dado que el cortisol y la melatonina presentan una relación inversa, el cortisol alto por la noche provoca niveles bajos de melatonina cuando debería ser al revés. Esta desregulación suele generar la clásica sensación de «tenso pero cansado». Incluso cuando no te queda energía física, podrías permanecer despierto viendo un documental sobre crímenes o perdiéndote en las redes sociales. Con un capricho azucarado, se suma un nivel elevado de azúcar en la sangre a la situación. Estarás sano y salvo en tu cómodo hogar, pero tu cuerpo está en un estado de estrés físico, incapaz de atender las tareas diarias de regeneración y reparación que solo ocurren en las etapas más profundas del ciclo del sueño.

Un estudio reciente comprobó que las personas que permanecían despiertas pasada la medianoche presentaban un mayor riesgo de padecer una enfermedad cardiovascular y esta estadística fue aún y mayor para las mujeres. También se ha sugerido que es probable que los episodios depresivos y los pensamientos suicidas sean más frecuentes cuando se altera el sueño. Cuando no se duermen entre las siete y las nueve horas recomendadas, o cuando el sueño se interrumpe continuamente, el estrés físico y emocional es un resultado inevitable. Estas son algunas de las formas en que escatimar el sueño estresa el organismo:

- **Pérdida de memoria y dificultad para concentrarse.**

- **Cambios del estado de ánimo y el comportamiento.**

- **Aumento de peso.**

- **Presión arterial alta.**

- **Inmunidad debilitada.**

- **Mayor riesgo de diabetes y enfermedades cardíacas.**

El sueño de mala calidad y el estrés crónico van de la mano, por lo que conviene mejorar la calidad del sueño para aumentar la capacidad de recuperación. He aquí algunas ideas para empezar:

- Vete a la cama y despiértate a la misma hora todos los días. Nuestras hormonas responden mejor a una rutina regular, así que sé constante con la hora de acostarte, incluso los fines de semana.

el sueño de mala calidad y el estrés crónico van de la mano

- Duerme en total oscuridad. Sin luces nocturnas, ni luz que se filtre a través de las persianas de la habitación; solo oscuridad. No dormir en la oscuridad interfiere con la producción de melatonina, cuyos niveles óptimos nos ayudan a conciliar el sueño.

- Obtén suficiente luz solar. Cuanta más reciba el cuerpo durante el día, más probable será que se mantenga en sintonía con los ritmos regulares día-noche. Siempre trata de exponerte al sol por la mañana.

- Desconéctate de los dispositivos electrónicos una hora antes de acostarte. Si tuviera que elegir el consejo que ha marcado la mayor diferencia en mi propia vida, ¡sería este! La frecuencia electromagnética puede evitar que el cerebro avance correctamente a través de los cinco ciclos de sueño. Además, la luz azul de los móviles y las tabletas puede engañar al cerebro para que piense que todavía es de día.

- Simplemente di no al alcohol y la cafeína. Tomar el último café antes de las 2 de la tarde. En cuanto al alcohol, puede parecer la ayuda perfecta para dormir, pero la verdad es que te impide entrar en las fases de sueño profundo y reparador que necesitas durante toda la noche.

- Practica ejercicio a diario (pero no justo antes de acostarte). Realízalo por la mañana o a mediodía para dormir mejor por la noche, ya que hacerlo cerca de la hora de irte a la cama puede liberar las hormonas del

estrés, cortisol y adrenalina, e impedir que
te duermas cuando lo necesitas.

- Crea una rutina relajante para acostarte.
  Aunque los móviles no emitieran luz azul
  y ondas electromagnéticas, son una fuente
  constante de estimulación y emoción. En lugar
  de pasar la última hora de vigilia navegando
  por las redes sociales o acurrucándote ante
  una transmisión en vivo, tómate un tiempo
  para desconectar, leer, darte un baño relajante
  o escribir un diario. Establecer una rutina
  a la hora de acostarse es clave.

COMER POR FATIGA

¿Has notado que cuando no duermes lo suficiente te apetece comer más de lo habitual? Esto se debe a que, sin dormir, la grelina (conocida como la hormona «dame comida ya») aumenta y la leptina (conocida como la hormona «eso es suficiente comida por ahora») disminuye. La falta de sueño también te hace más propenso a elegir alimentos ricos en azúcar, carbohidratos refinados y cafeína. Todo esto aporta una rápida descarga de energía al principio, pero te hace sentir aún más agotado al final.

Los días en que te arrastras de cansancio, busca alimentos ricos en proteínas para mantener estable el nivel de azúcar en la sangre, comenzando con el desayuno. Un batido a base de proteínas, una tortilla de verduras o un tazón de yogur con lino molido y bayas te llevarán mucho más lejos que el cereal y el café.

Bebe más agua y trata de salir al exterior por la tarde, cuando es más probable que experimentes la mayor caída de energía.

Al llegar a casa, haz un esfuerzo para desconectarte del portátil y el móvil: la luz artificial puede dificultar el sueño reparador, por mucho que lo necesite tu cuerpo.

tomarse las cosas con calma

Una de las lecciones más difíciles que he tenido que aprender es reducir la velocidad. Escuchamos una y otra vez lo importante que es descansar, pero el descanso solo es reparador si estás dispuesto a liberar la culpa: la culpa por no trabajar a tu máxima capacidad, la culpa por no ser digno de confianza, la culpa por hacer menos de lo que otra persona espera que hagas.

Es posible que hayas pasado años llevándote al límite, comprometiéndote demasiado, manteniéndote ocupado y ofreciéndote hasta no dar más de ti. Y si no puedes hacerlo todo, tu crítico interno te convence de que estás fallando, y entonces trabajas más aún para demostrar que puedes lograrlo. En un mundo que celebra la producción constante, no es de extrañar que el éxito se haya convertido en sinónimo de agotamiento, mientras que el descanso se ha convertido en algo que temer. Por lo tanto, el descanso puede ser un acto radical de resiliencia y autocuidado.

Mi propia relación con el descanso ha cambiado en gran medida como resultado de vivir en un país que aprecia un ritmo más lento. Cuando llegué por primera vez a España en 2008, me preguntaba varias veces al día por qué las cosas no podían ser más rápidas y eficientes. ¿Por qué mis tiendas favoritas cerraban a mediodía? ¿Por qué no el descanso puede ser un acto radical de resiliencia y autocuidado podía ir al supermercado el domingo? ¿Por qué la gente simplemente paseaba por las calles en lugar de caminar con propósito y dirección? Al cabo de un tiempo empecé a preguntarme por qué yo iba con tantas prisas. ¿La cuestión no era disfrutar de la vida como viaje? Comencé a cambiar mi perspectiva y descubrí que mis niveles generales de estrés empezaban a disminuir.

el poder del descanso

Si eres como muchos de mis clientes, es posible que te preguntes exactamente qué es el descanso y cómo puedes incorporarlo a tu estilo de vida acelerado. La doctora Saundra Dalton-Smith habla de siete tipos diferentes de descanso: el físico (tanto pasivo como activo), mental, espiritual, emocional, social, sensorial y creativo. Dalton-Smith sostiene que se puede dormir lo bastante pero, si no se cuenta con la oportunidad de descansar, «uno se sigue despertando cansado».

Así son estos siete tipos de descanso actualmente en mi vida:

Físico (pasivo): tumbarme en el sofá a media tarde cuando el sol entra por la ventana, cerrar los ojos y abrazar a mis dos perros mientras dormito.

Físico (activo): acudir a una cita regular quincenal con el masajista.

Mental: escribir cualquier cosa que me ronde por la cabeza antes de irme a la cama.

Espiritual: dedicar un rato cada mañana a mi altar de meditación y oración.

Emocional: reunirme con mi *coach* y disponer de un espacio donde mostrarme vulnerable como líder.

Social: priorizar el tiempo con amigos especiales cuya energía me hace sentir repuesta cada vez.

Sensorial: poner el móvil en modo avión o simplemente dejarlo en casa cuando salgo a caminar.

Creativo: contar con flores frescas y hermosas obras de arte en mi casa; ir a la playa al atardecer y ver salir la luna.

Descansar no es no hacer nada, pero puede ser difícil tomarse un tiempo para uno mismo. Por eso es esencial afirmar tu valor independientemente de tu productividad. Vales por el mero hecho de existir, sea lo que fuere que hagas. Pase lo que pase, el descanso no es algo que se gana tras un trabajo bien hecho, sino algo que debes concederte como una necesidad humana básica.

vales por el mero hecho de existir

PREGUNTAS PARA LA REFLEXIÓN

1 A las 10 de la noche, ¿qué es más probable que hagas? ¿Es algo útil o perjudicial para dormir bien por la noche?

....
....
....
....

2 En una escala del 0 al 10, ¿hasta qué punto te resulta difícil alejarte del móvil al final del día? ¿Qué podría motivarte a apagarlo una hora antes?

....
....
....
....

3 ¿Qué podrías hacer esta semana para mejorar la calidad de tu sueño?

....
....
....
....

meditación y respiración

7

necesitas empezar a meditar

«Necesitas empezar a meditar.»

La primera vez que alguien me dijo esto, tenía trece años y estaba sentada frente a mi padre en la mesa de la cocina. Yo había bajado a desayunar antes de ir al colegio y él ya estaba leyendo el periódico y bebiendo su café. Me preguntó si estaba lista para el examen de matemáticas y le confesé que estaba un poco nerviosa porque las matemáticas nunca fueron una asignatura fácil para mí.

Después de darme su charla habitual sobre mi necesidad de concentrarme, me sugirió que probara la meditación. Dijo que me ayudaría a sentirme menos nerviosa y me daría la claridad y la tranquilidad que necesitaba para descubrir cualquier respuesta. Intrigada, terminé mi tazón de cereales e intenté cerrar los ojos. Probablemente estuve así cinco minutos completos; tal vez dos.

Me encantaría decir que meditar todas las mañanas durante los últimos meses de la secundaria me llevó a una práctica de por vida, pero como la mayoría de las cosas que tus padres te presentan durante esos años de adolescencia, lo rechacé como algo obligatorio, innecesario y poco guay. Pasé los siguientes 20 años leyendo artículos sobre meditación e incluso compré varios libros, pero a pesar de aprender sobre sus muchos beneficios, nunca logré encajarla en mi rutina. Algo siempre me impedía encontrar un momento espacio de calma. Temía soltarme, quedarme en blanco, tratar de frenar mi mente siempre acelerada. También me aterrorizaba quedarme sola con mi cuerpo. ¿Y si no pudiera dejar de pensar? ¿Qué pasaría si no se me daba bien calmar la mente?

Si alguna vez has dejado que estos miedos u otros similares te impidan meditar, me complace compartir buenas noticias: el objetivo de la meditación no es despejar tu mente, es simplemente estar presente. Si en algún momento te has juzgado por no crear la proverbial mente en blanco, puedes olvidarte de esa idea. Cuanto más meditas, más puedes moverte por la vida con atención plena y comodidad porque te das cuenta de que, al igual que tus pensamientos, todo está de paso.

beneficios de la meditación

Cada vez que meditas, provocas la respuesta de relajación del cuerpo y, por lo tanto, reduces la actividad del sistema nervioso simpático. Si lo recuerdas, tu sistema nervioso simpático es como el pedal del acelerador de un automóvil, que te impulsa para luchar contra el factor estresante o huir de él lo más rápido posible. Esto significa que las personas que meditan habitualmente experimentan los beneficios de un sistema nervioso más regulado, entre ellos:

muévete por la vida con atención plena y comodidad

- Presión arterial más baja.

- Mejor circulación sanguínea.

- Menor frecuencia cardíaca en reposo.

- Menor frecuencia respiratoria.

- Menos ansiedad.

- Niveles más bajos de cortisol en la sangre.

- Más sensaciones de bienestar.

- Menos estrés.

- Relajación más profunda.

- Mayor creatividad.

COSAS QUE PASAN CUANDO NO MEDITAS

Si bien me gusta cosechar los beneficios de la meditación, también me motiva el deseo de evitar las consecuencias de no practicarla. Estas son algunas cosas que comienzan a suceder cuando no hago de la meditación una prioridad diaria:

Crítica interna más ruidosa: cuando se activa tu respuesta al estrés, te vuelves hiperatento a cualquier cosa que consideres mala, incluido todo lo que no te gusta de ti mismo. Cuando te plantas frente al espejo hurgando en tus poros en lugar de sentarte frente al ordenador ultimando tu último proyecto, el estrés no procesado podría ser el culpable, el mismo estrés que la meditación está tan indicada para eliminar.

Falta de brújula interior: otra gran ventaja de la meditación es que te pone en contacto con tu núcleo (la esencia de quién eres). Cuando dedicas de 15 a 30 minutos cada mañana para estar contigo mismo, conectar con tu cuerpo y escuchar tu alma, empiezas el día con solidez. También es mucho más probable que vivas en la realidad y no en tu falsa percepción de ella.

Menos sentimientos, más escondidos: al meditar, te das el tiempo y el espacio que necesitas para simplemente observar tus sentimientos sin ninguna expectativa de cambiarlos. En especial, en momentos de estrés o cambio inesperado, es fácil buscar en otras personas para mejorar las cosas y curar las heridas, pero la responsabilidad final siempre recae sobre ti. La meditación te brinda la oportunidad de encontrarte a ti mismo con amabilidad, compasión y cuidado.

Demasiadas falsas soluciones: las soluciones fáciles nos dan la impresión de aliviar el estrés, pero en realidad hacen nuestras vidas más difíciles a largo plazo. Existen muchas y puedes recurrir a más de una al mismo tiempo: comer galletas con una botella de champán mientras navegas por las redes sociales con una serie de Netflix de fondo (por ejemplo).

tu mente estará despejada, abierta y creativa

Otra hermosa ventaja de la meditación es que crea cohesión cerebral, lo que significa que existe mayor comunicación entre el lado izquierdo y el lado derecho del cerebro. Como resultado, notarás que tu mente es capaz de permanecer clara, abierta y capaz de encontrar soluciones creativas, incluso cuando te enfrentas a muchas demandas diferentes.

En solo dos meses, la meditación regular puede cambiar el cerebro lo suficiente como para que se detecte por resonancia magnética la reducción del centro del miedo y la ampliación de los centros responsables de la resolución creativa de problemas, sin mencionar la felicidad y el amor. Curiosamente, no sirve solo para lidiar con el estrés que experimentamos en el presente. El estrés no procesado que experimentamos hace años también puede disminuir cuando meditamos. Si no satisficiste tus sentimientos y los procesaste de forma adecuada a partir de experiencias como un divorcio, pérdida de empleo o la última mudanza, es probable que el estrés todavía esté rondando. La meditación te ofrece la oportunidad de librarte por fin. Existen literalmente miles de maneras de meditar, pero estas son tres de mis favoritas.

MEDITACIÓN DE ATENCIÓN PLENA

A veces solo necesitas observar tus sentimientos.
Al cabo de un rato sentada en mi cojín de meditación,
concentrada en mi respiración y controlando mi cuerpo,
puedo enfrentarme a mí misma y a cualquier emoción
con mayor facilidad.

- Siéntate cómodamente, ya sea con las piernas cruzadas
  en el suelo o sobre un cojín de meditación. Si prefieres
  estar en una silla normal donde puedas apoyar bien la
  espalda y te permita mover la cabeza, también es una
  opción.

debes observar

tus sentimientos

- Ahora cierra los ojos y trae conciencia a tu respiración. No necesitas controlar nada, así que continúa respirando con naturalidad.

- Observa cómo se mueve el cuerpo con cada inhalación y exhalación. Contempla el pecho, los hombros, la caja torácica y el vientre.

- Si tu mente divaga, vuelve a concentrarte en la respiración.

- Mantente así de dos a cinco minutos para comenzar, para terminar meditando hasta 15 a 30 minutos cada día.

meditar
paseando es
ideal cuando
bullen mil
cosas en la
cabeza y
se precisa
desconectar

MEDITAR PASEANDO

Caminar conscientemente o meditar caminando es ideal cuando bullen mil cosas en la cabeza y se precisa desconectar de la mente (#allthethoughtsintheworld). Se ha demostrado que reduce el estrés físico y mejora el estado de ánimo. Como se adivina por el nombre, se trata de prestar atención al entorno, ya sea rodeado de naturaleza o en el ajetreo y el bullicio de una calle de la ciudad.

• Antes de salir a caminar, establece la intención de permanecer presente.

• A medida que avanzas, trata de ir a un ritmo más lento de lo habitual y saborea las vistas, sonidos, olores y sensaciones que te rodean. Siente la forma en que tus pies tocan el suelo, la brisa en las mejillas, la sangre fluyendo en las yemas de los dedos.

• Presta atención a cualquier cosa particularmente agradable o positiva, haz una pausa momentánea para reconocer lo bueno, registrándolo en tu conciencia.

• Disfruta de la amabilidad y el cuidado que estás mostrando hacia ti mismo en ese momento de simplemente dejarte ser y, como siempre, ¡acuérdate de respirar! Véase también la p. 129.

MEDITACIÓN CON MÚSICA

Hay quien afirma que la meditación debe hacerse en silencio o con nada más que ruido ambiental. Si no eres capaz de contemplar tus pensamientos así, en lugar de recurrir a tu lista de reproducción favorita, debes enfrentarte a esta incomodidad. Si bien no es lo ideal, la música puede facilitar el hecho de sentarte inmóvil y actuar como una puerta de entrada a la práctica de meditación de atención plena para los que apenas empiezan.

• Las piezas instrumentales o las diseñadas específicamente para la meditación tienden a funcionar bien. También ciertos sonidos de la naturaleza como las olas del océano o el canto de los pájaros pueden ayudar a relajarse.

• Siéntate cómodamente, con las piernas cruzadas en el suelo o sobre un cojín de meditación. Si prefieres estar en una silla normal donde puedas apoyar bien la espalda y te permita mover la cabeza, también es una opción.

• Cierra los ojos y concéntrate en la música. La idea es estar completamente presente con los sonidos que escuchas.

• Si tu mente divaga, vuelve a centrarte en la música y los sentimientos que provoca en tu cuerpo.

• Quédate así hasta que la pieza llegue a su fin. Resulta útil elegir algo que dure el mismo tiempo que pretendes pasar meditando.

trabajo de respiración

Cuando trabajo con mis clientes, siempre comenzamos de la misma manera: tomándonos unos minutos para respirar. Siempre me sorprende que para la mayoría de los seres brillantes con los que trabajo ese sea el único momento del día que dediquen a bajar el ritmo y ponerse en contacto con su cuerpo.

Cuando practicas la respiración profunda, suceden una serie de cosas increíbles:

• Te ancla en el momento presente, ayudando a aliviar los sentimientos de ansiedad y depresión.

• Despierta el sistema nervioso parasimpático, el cual te permite saber que es seguro relajarse.

• Ayuda al cuerpo a liberar toxinas y mejora la digestión y asimilación de los alimentos.

• Mejora la calidad de la sangre, liberando dióxido de carbono y aumentando el suministro de oxígeno.

• Te ayuda a ser más resistente al estrés y estimula la energía a moverse más libremente. Esto también te animará a ti a moverte más libremente por la vida.

Con cada respiración, tomas oxígeno y liberas dióxido de carbono. Dado que la respiración es tan automática, probablemente no te detengas a pensar en cómo estos dos gases fluyen dentro y fuera de tu cuerpo. Sin embargo, los malos hábitos respiratorios pueden contribuir a la ansiedad, los ataques de pánico, la depresión, la tensión muscular, los dolores de cabeza y la fatiga. ¡Eso es independiente de cualquier otra cosa que suceda en tu vida! Al aprender a respirar correctamente, podrás calmar la mente con mayor facilidad, relajar el cuerpo y disponer de más energía.

Cuando respiramos, normalmente usamos uno de dos patrones. El primero es la respiración torácica que, por desgracia, fomenta el estrés. El segundo es la respiración abdominal o diafragmática, más profunda y lenta que la respiración torácica superficial, así como más rítmica y relajante. El diafragma es un músculo que se encuentra justo debajo de los pulmones y separa el tórax del abdomen. Es el músculo principal involucrado en la respiración, que se contrae cada vez que inhalas y se relaja cada vez que exhalas. Aunque el diafragma trabaja para ayudarte a respirar todo el día, practicar la respiración diafragmática, como aprenderás a continuación, puede fortalecer este músculo y ayudarlo a funcionar de manera más eficiente.

Una de las mejores cosas de la respiración es que literalmente puedes practicarla en cualquier momento y en cualquier lugar. Compartiré contigo algunas de mis técnicas favoritas a continuación, pero recuerda que siempre tienes la posibilidad de bajar el ritmo. ¿Nervioso antes de una presentación? Baja el ritmo de tu respiración. ¿Frustrado mientras esperas en la fila del supermercado? Baja el ritmo de tu respiración. ¿Ya estabas abrumado y aún se añade una cosa más a tu lista de tareas pendientes?

BAJA. EL RITMO. DE. TU. RESPIRACIÓN.

RESPIRACIÓN PROFUNDA

También conocida como respiración diafragmática, la respiración abdominal profunda es una forma simple y efectiva de salir de la respuesta al estrés.

1   Comienza sentándote con ambos pies en el suelo o acostándote boca arriba si te sientes más cómodo.

2   Coloca una mano sobre el pecho y la otra sobre la barriga.

3   Al inhalar, siente que la barriga se expande y sube la mano. La mano colocada sobre el pecho debe permanecer relativamente quieta.

4   Mientras exhalas, presiona suavemente el abdomen y siente la liberación a medida que baja.

5   Repite el ejercicio durante dos o tres minutos, o el tiempo que necesites.

aguanta la respiración un momento antes de exhalar

RESPIRAR CON UNA AFIRMACIÓN

Esta es una variación de la práctica de respiración profunda descrita antes. Puedes sustituir la palabra «relajarse» por cualquier cosa que te suene mejor en el momento. Por ejemplo, «liberar», «soltar», «estar en calma», «estar presente», «rendirse».

1 Respira hondo y siente que tu barriga se eleva mientras te dices: «¿Puedo...».

2 Ahora aguanta la respiración un momento antes de exhalar.

3 Exhala lenta y profundamente a través de los labios fruncidos mientras te dices: «Relájate».

4   A medida que tomas la próxima respiración profunda, observa dónde hay tensión corporal o dónde experimentas resistencia. Cada vez que exhales, imagina que la tensión también sale de tu cuerpo.

5 Repite este ciclo durante dos o tres minutos, o el tiempo que desees.

RESPIRACIÓN CUADRADA

Esta es una de mis técnicas de respiración favoritas.
Practicarla te sacará del modo de lucha o huida y
esencialmente restablecerá tu respiración mientras
ayudará al cuerpo y la mente a calmarse.

1 Siéntate con la espalda contra una silla y los pies
   en el suelo. Cierra los ojos.

2 Comienza a exhalar lentamente durante cuatro
   segundos. Aguanta la respiración mientras cuentas
   lentamente hasta cuatro.

desconecta por

completo al respirar

3 Inhala por la nariz mientras cuentas lentamente hasta cuatro. Aguanta la respiración y cuenta lentamente hasta cuatro.

4 Exhala por la boca una vez más. Aguanta la respiración y cuenta lentamente hasta cuatro.

5 Repite este ciclo cuatro veces.

Mientras realizas este ejercicio, imagina que trazas los lados de un cuadrado para disponer de una señal visual o descarga una aplicación para llevar contar los segundos y poder desconectar del todo mientras respiras.

RESPIRACIÓN ALTERNA (*NADI SHODHANA PRANAYAMA*)

También conocida como *nadi shodhana pranayama* en sánscrito, la respiración por las fosas nasales alternas se puede realizar sola o sumada a la práctica de meditación. Esta técnica de «limpieza energética sutil», es excelente para aliviar el estrés y devolver el equilibrio al sistema energético del organismo. Comienza con cinco ciclos y luego aumenta poco a poco hasta 25.

1 Siéntate en una posición cómoda, ya sea en una silla o con las piernas cruzadas en el suelo.

2 Coloca los dedos índice y corazón de la mano derecha sobre la frente.

3 Cierra la fosa nasal derecha con el pulgar derecho. Inhala por la fosa nasal izquierda.

4 Exhala por la fosa nasal izquierda. Cierra la fosa nasal izquierda con el dedo anular y abre la fosa nasal derecha.

5 Inhala por la fosa nasal derecha. Exhala por la fosa nasal derecha.

6 Cierra la fosa nasal derecha con el pulgar. Inhala a través de la fosa nasal izquierda para iniciar el siguiente ciclo.

Una regla simple: siempre se cambia después de cada exhalación. Cualquiera que sea la fosa nasal por la que inhales, exhalas.

RISA

¿Te sorprende ver la risa como un ejercicio de respiración? Además de liberar endorfinas para sentirse bien y reducir la hormona del estrés cortisol, la risa también ayuda a oxigenar la sangre. Cada vez que te ríes, le estás dando a tus pulmones la oportunidad de expulsar el aire viciado y tomar oxígeno más fresco. Observa lo que sucede cuando pruebes el siguiente ejercicio.

1 Comienza en una posición sentada con las manos apoyadas a los lados.

2 Sonríe, lo que le indicará a tu cerebro que algo agradable está a punto de suceder.

3 Ahora levanta las manos por encima de la cabeza y comienza a reír.

4 Cuando empieces a bajar las manos, estirándolas hacia cada lado, di «¡Güiiiiii!». Para cuando llegues a la mitad, deberías estar riéndote.

PREGUNTAS PARA LA REFLEXIÓN

1 ¿Qué te parece comenzar una práctica regular de meditación? ¿Qué beneficio te motiva más?

....

....

2 ¿Qué es lo más probable que te lo impida? ¿Cuál sería tu excusa?

....

....

3 ¿Dónde planeas meditar? ¿Qué puedes incluir en este espacio para hacerlo aún más atractivo?

....

....

4 De todas las prácticas de respiración descritas anteriormente, ¿cuál te atrae más y cuál podrías probar esta semana?

....

....

reequilibra el sistema energético de tu organismo

cambio de
mentalidad

8

vienes de
una larga
saga de
mujeres
perseverantes
que no se
rinden

—No sé si voy a poder con esto.

—¿Qué quieres decir? A estas alturas, no puedes dejarlo.

En la primavera de 2020, estaba planeando el lanzamiento de un nuevo programa de 12 meses llamado Thrive. Trabajaba con una persona que me dijo que la mejor manera de llegar a mis clientes ideales era proponer un desafío de cinco días. Allí estaba, al comienzo de la pandemia, madre soltera encerrada con mi hijo de seis años, planeando la confección de un curso original de una semana gratuito, junto con un grupo de Facebook. La noche antes del supuesto inicio del curso, literalmente iba a mil.

Si mi cuerpo pudiera hablar, me hubiera dicho: «Eh, más despacio. Tienes mucho lío en este momento. Tal vez deberías cancelar el desafío y darte una semana más. Tal vez dos». Mi cerebro, sin embargo, me contó una historia bastante diferente. Era algo así: «Has llegado muy lejos, no te rindas ahora. Todos están ansiosos por empezar el desafío, no vayas a decepcionarlos. Vienes de una larga saga de mujeres perseverantes que no se rinden».

Como ves, el cerebro pensante no reconoce la dificultad de la situación en la que te encuentras. Tampoco le importa lo que tu cuerpo está tratando de decirte. En el mejor de los casos, enfatizará tu capacidad para superar cualquier desafío. Lo más probable, sin embargo, es que solo te haga sentir miedo, juzgado e incapaz de tomar la decisión que realmente priorice tus necesidades. Podría sonar como la voz de tu madre, tu padre, tu profesor de álgebra del instituto o una combinación de varias figuras de autoridad que te han influenciado a lo largo de los años.

Al final, seguí adelante con el desafío y casi enfermé en el intento. Cuando terminé de entregarlo todo a un grupo que conseguí que ascendiera hasta más de 400 personas, nadie se inscribió. A partir de aquel día, me prometí a mí misma que nunca volvería a sacrificar mi salud y felicidad por un compromiso comercial. No importa lo que el cerebro pensante tuviera que decir al respecto, sabía que debía haber otra manera.

control del cerebro pensante

En su libro *Widen the Window*, la doctora Elizabeth A. Stanley introduce el concepto de «control del cerebro pensante». El control del cerebro ocurre cuando ignoras las necesidades y los límites de tu cuerpo al suprimir tus emociones y sensaciones físicas. Se basa en gran medida en narrativas personales y sociales que te ayudan esencialmente a «anular» las señales del cuerpo. Si bien te ayuda a adaptarte a corto plazo, eventualmente te desconecta de tu sabiduría interior, o de lo que «sientes» como verdad.

TRES FORMAS EN QUE EL ESTRÉS CRÓNICO PERJUDICA EL CEREBRO

Aunque parezca que el cerebro está a toda marcha, los efectos del estrés crónico le acaban pasando factura.

- **El estrés crónico** hace que el cerebro se encoja, específicamente la corteza prefrontal. Esta es el área involucrada en la toma de decisiones, el juicio y la capacidad de concentración.

- **El estrés crónico** conduce a una menor producción de células cerebrales nuevas en el hipocampo, lo que podría dificultar que se aprendan y recuerden cosas.

- **El estrés crónico** también provoca la pérdida de conexiones sinápticas entre las neuronas y aumenta el riesgo de depresión y Alzheimer más adelante.

Cuando se trata de la salud cerebral, tanto el ejercicio como la meditación son aliados contra el estrés. Se ha demostrado que ambos aumentan el hipocampo, que es solo una de las áreas que son atacadas. La meditación también engrosa la corteza prefrontal, evita su contracción y mejora su conexión con la amígdala para pasar el día con mayor sensación de calma.

mentalidad fija + pasión obsesiva = desgaste rápido

Si quieres quemarte rápidamente, intenta adoptar una mentalidad fija y combínala con una pasión obsesiva. La mentalidad fija enfatiza las creencias limitantes que en última instancia desalientan de aprender nuevas habilidades. He aquí algunos ejemplos:

- **Creer que solo hay un trabajo para ti y debes hacer lo que haga falta para que funcione.**

- **Ver el fracaso como limitación de tus habilidades.**

- **Tomarse los comentarios y la crítica como algo personal.**

La pasión obsesiva difumina las líneas que te separan de tu trabajo hasta que toda tu vida gira en torno a tu carrera. Por ejemplo:

- **Sentir la necesidad de trabajar 24 horas al día.**

- **Sentirte emocionalmente dependiente del trabajo.**

- **Serte difícil imaginar la vida sin tu trabajo.**

No es de sorprender que una mentalidad fija combinada con una pasión obsesiva se asocie con la disminución de la salud física y de la capacidad de atención, y con mayores niveles de ansiedad y estrés. Uno de los cambios más importantes que puedes realizar, por tanto, es adoptar una mentalidad de crecimiento. Esta mentalidad enfatiza tu capacidad para aprender nuevas habilidades a través del esfuerzo y la perseverancia. Con una mentalidad de crecimiento, aprendes a aceptar que el cambio forma parte de la vida y que siempre habrá más oportunidades de éxito si tu búsqueda actual no funciona. Se adopta, por ejemplo, con:

- **Apertura a los comentarios y la crítica constructiva.**

- **Capacidad para admitir y aprender de los errores.**

- **Disposición para probar nuevas ideas.**

Debido al mayor énfasis en el aprendizaje, el método de prueba y error no solo se espera, sino que se fomenta.

Si vas un paso más allá y armonizas tu pasión (por ejemplo, reconoces cuándo el trabajo se está apoderando de tu vida y estableces límites), experimentarás mayor sensación de bienestar, mejor equilibrio entre la vida laboral y personal y logros más sostenibles. Cuando la mentalidad de crecimiento se combina con una pasión armoniosa, el trabajo se

convierte en parte de tu vida en lugar de toda tu vida.
Cuando el sentido del yo no se apoya en tu desempeño
profesional, es más probable que bajes el ritmo cuando sea
necesario, prestes atención a las señales del cuerpo y te
apees del tren antes de llegar al desgaste.

romper con el perfeccionismo

Cuando abrazas el perfeccionismo, te abandonas a ti.
Al perseguir constantemente un estándar que no existe,
te desconectas de la experiencia humana de aquí y ahora.
Temeroso de lo que sucedería si te plantaras, escondes lo
que no encaja, protegiendo al mundo de tus diferencias en
lugar de reconocerlas como regalos. Los sentimientos se
reprimen. La belleza se ignora. El talento no se comparte.
Y esto tiene graves consecuencias que la mayoría de la
gente no percibe, o al menos no menciona:

• Te muerdes la lengua porque temes decir algo incorrecto.

• No te involucras con el mundo y ocupas el espacio que
  te corresponde porque no tienes la piel ideal, el peso
  ideal, el .... ideal (rellena la línea de puntos).

cuando abrazas el perfeccionismo, te abandonas a ti

- Niegas tu valor porque no estás en el nivel que tú mismo has considerado digno.

- Sin saberlo, defiendes sistemas de opresión porque ese es el «orden natural» de las cosas y la perfección no permite perturbación.

- Al rechazar tus defectos, haces que sea menos probable que otras personas a tu alrededor acepten los suyos.

curiosidad, innovación

Y, por último, liberación

La alternativa es aceptar que eres humano e inevitablemente te equivocarás. Sí, será incómodo. Sí, decepcionarás a la gente. Y sí, tendrás que disculparte por tus errores. Pero la otra cara de todo esto es la curiosidad, la innovación y, en última instancia, la liberación de un sistema que fue diseñado para mantenerte sometido.

LOS ISMOS

Para algunos de nosotros, la resiliencia implica existir dentro de sistemas diseñados literalmente con nuestra opresión en mente. Los ismos, como el racismo, el sexismo, el heterosexismo y el capacitismo, contribuyen al agotamiento de diferentes maneras, ya que todos crean estrés crónico en quienes los sufren.

- **Racismo:** no hace falta experimentar el racismo (o cualquier ismo) directamente para que surta efectos dañinos. El estrés puede aumentar simplemente después de escuchar que otras personas con quienes te identificas son discriminadas o al recordar / anticipar experiencias en las que tú estás marginado.

El racismo se asocia con una peor salud física y mental. Las afecciones resultantes incluyen diabetes, obesidad, depresión, ansiedad, comportamiento suicida y trastorno de estrés postraumático.

- **Sexismo:** tanto abierto como encubierto, es tan perjudicial para el bienestar de un empleado como otros factores laborales estresantes, como el conflicto entre roles, la ambigüedad de roles y la sobrecarga.

El sexismo se ha relacionado con depresión, angustia psicológica, presión arterial alta, empeoramiento de síntomas premenstruales, náuseas y cefaleas.

Experimentarlo también se correlaciona con un aumento de las hormonas del estrés.

- **Heterosexismo:** incluye la victimización, la homofobia, la discriminación, el autoestigma y el ocultamiento de la identidad sexual que experimentan las personas gais, lesbianas, bisexuales, queer y transgénero.

Un estudio de 2015 realizado en profesionales de la salud mental reveló tasas más altas de desgaste en los que se identificaban con minorías sexuales que los que se identificaban como heterosexuales.

Contribuyen los factores como la percepción de heterosexismo en el trabajo, la percepción de apoyo en el lugar de trabajo y la ocultación de identidad.

- **Capacitismo:** incluye la discriminación y el prejuicio social contra las personas con discapacidades o que se percibe que las tienen.

Los que eligen ocultar sus discapacidades a menudo viven con el temor de ser descubiertos y trabajan más duro para compensar cualquier diferencia percibida. Otros pueden encontrarse atrapados en trabajos donde no se sienten apreciados, carecen de oportunidades de aprendizaje y potencial para avanzar.

la autocompasión implica ser amable contigo mismo cuando las cosas van mal

autocompasión

La autocompasión implica ser amable contigo mismo en tiempos de sufrimiento. En lugar de afirmar que «todo va bien», te ayuda a ponerte en contacto con tus verdaderos sentimientos y te da un espacio para ser vulnerable con el dolor. Consta de tres componentes:

Atención plena: ser consciente de cómo te sientes.

Humanidad común: vincular tu experiencia con la experiencia humana.

Amabilidad: ofrecerte palabras y acciones que expresen cariño y cuidado.

A diferencia de la autoestima, la autocompasión proviene del deseo de ser amable contigo mismo cuando las cosas van mal, en contraposición al orgullo que sientes cuando haces algo bien. Te ayuda a aceptarte como un ser humano que, a pesar de ser muy capaz de cometer errores, merece ser tratado con amabilidad y respeto. Siempre.

PAUSA DE AUTOCOMPASIÓN

La doctora Kristin Neff desarrolló esta pausa de autocompasión que combina los tres elementos de la autocompasión de manera que puedes ponerla en práctica en cualquier momento del día. Reconoce en momento en que estás sufriendo, que el sufrimiento es parte de la vida y que deseas ser amable contigo mismo. Sigue los siguientes pasos:

1   Respira hondo unas cuantas veces para calmar la mente. Coloca ambas manos, una encima de la otra, sobre el centro de tu corazón. Este es un gesto de autoaceptación.

2   Ahora di lo siguiente:
    «Esto es realmente difícil.»
    «Los momentos difíciles como este son parte de la vida.»
    «Aunque sea difícil, puedo tratarme con amabilidad. Quiero darme el amor que necesito.»

3   Termina con unas cuantas respiraciones profundas más y deja pasar el momento.

la amabilidad en acción

La autocompasión no es solo lo que dices, sino también lo que haces. A través de tus acciones, afirmas que incluso en tiempos de dificultad vas a serte leal. Estas son algunas maneras de ser amable contigo mismo:

- **Tomar un sorbo de agua y combinarlo con una afirmación (por ejemplo, «Porque yo lo valgo»).**

- **Salir a caminar y conectar con la naturaleza.**

- **Comprarte flores (mi favorita).**

- **Prepararte una comida con alimentos frescos y apetecibles.**

- **Darte un baño caliente.**

- **Tomarte un descanso para bailar.**

- **Apagar el móvil temprano y desconectar una noche.**

- **Darte un masaje con tu aceite corporal favorito.**

¿dónde notas tensión?

PONGÁMONOS CÓMODOS

Muchos de mis clientes que están al borde del agotamiento o en las primeras etapas de recuperación no piensan en su propia comodidad. Saltarse comidas, aguantarse el pis, escatimar sueño, resistirse al descanso... Las necesidades básicas no se satisfacen durante todo el día. ¿Estás listo para sentirte cómodo? He aquí unas preguntas para ayudarte a comenzar:

1 **¿Cómo estás sentado?** ¿Querrías un cojín extra, tal vez una silla diferente?

2 **¿Cómo respiras?** ¿Puedes dedicar el siguiente minuto a respirar más hondo?

3 **¿Estás lo suficientemente caliente?** ¿Necesitarías otra manta o un par de zapatillas mullidas?

4 **¿Tienes sed?** ¿La boca reseca? ¿Cuándo fue la última vez que bebiste un vaso de agua?

5 **¿Dónde notas tensión?** Gira la cabeza de lado a lado, estira los brazos por encima de la cabeza, sacude el cuerpo y deja que el estrés desaparezca.

Irónicamente, sentirse cómodo puede quedar fuera de tu zona de confort, en especial si estás acostumbrado a privarte de cosas hasta sentir que te las has ganado. ¿Qué relación mantienes con el confort? ¿Cómo puedes sentirte más cómodo hoy?

gratitud

Cuando se trata de dominar el estrés y desarrollar resiliencia, la gratitud no es negociable. Cultivar una actitud de gratitud mejorará tu salud física y psicológica. De hecho, se ha descubierto que las personas agradecidas experimentan menos dolores y molestias y les resulta más fácil dormir por la noche. En el frente emocional, la gratitud ayuda a reducir los sentimientos de envidia, resentimiento, frustración y arrepentimiento. También mejora la empatía, nos permite ser más sensibles hacia los demás y, por lo tanto, menos propensos a actuar agresivamente o buscar venganza. Por si esos beneficios no fueran suficientes, la gratitud también mejora la autoestima. Se sabe que las personas que practican la gratitud regularmente tienden a compararse menos con los otros. En cambio, son capaces de apreciar los logros de los demás y desearles lo mejor. Si alguna vez te has comparado con los demás, tómate un minuto y arroja luz sobre todas las cosas buenas por las que estar agradecido en tu propia vida.

Hay muchas maneras de practicar la gratitud, pero esta técnica te ayudará a obtener un mayor aprecio por tres áreas de tu vida que tal vez des por sentadas:

1   Reserva diez minutos al final del día. Incluso podrías disponer un bloc de notas junto a la cama para escribir justo antes de irte a dormir.

2   Escribe de cinco a diez cosas por las que estés agradecido en las siguientes categorías:

- Cuerpo.

Ejemplo: estoy agradecido de poder caminar, hablar, masticar la comida, respirar sin ayuda.

- Relaciones.

Ejemplo: estoy agradecido por mi pareja y el mensaje de texto que envió para animarme, por mis padres y su salud, mi hijo y todos sus abrazos.

- Posesiones materiales.

Ejemplo: estoy agradecido por mi apartamento, portátil, móvil y libros.

3   Repite esta práctica todos los días durante una semana y observa cómo aumentan tu gratitud y aprecio por la vida.

PREGUNTAS PARA LA REFLEXIÓN

1   ¿En qué áreas de tu vida has adoptado una
    mentalidad fija? ¿Qué cambiaría si te libraras de
    la idea de que «tenías que hacer que funcionara»
    y de que cada error fuera un fracaso personal?

....
....
....

2   ¿Qué papel desempeña actualmente el perfeccionismo
    en tu vida? ¿Cómo afecta a tus niveles actuales de
    estrés?

....
....
....

3   ¿Qué palabras amables dices a otras personas cuando
    están sufriendo? ¿Cómo sería decirte esto a ti mismo?

....
....
....

4   ¿Qué cuatro sentimientos te gustaría experimentar de
    manera más regular? Úsalos para crear tu afirmación
    de autocompasión.

....
....
....

¿qué papel desempeña actualmente el perfeccionismo en tu vida?

límites

9

—«No» es una frase completa.

—¿Eso es lo que le dijiste?

—Sí, se lo dije, Jolinda. Primero le dije «no» y cuando me preguntó por qué, la miré a los ojos y respondí: «No necesito explicarte mis motivos. "No" es una frase completa».

Mi clienta, Serena, había estado aprendiendo a priorizar sus necesidades tanto en su vida personal como profesional durante los últimos tres meses. Vino a la sesión aquel día con una historia sobre un compañero de trabajo que quería añadir otra gran responsabilidad a su ya completa carga de trabajo. Aunque sabía la diferencia positiva que supondría su participación, también reconoció que ya estaba ocupada al máximo y no debía sentirse obligada a ser la salvadora en aquella situación.

Cuando comenzamos a trabajar juntas, Serena comentó que decir que no era una de las cosas más difíciles para ella. Como trabajadora social, ser cuidadora le salía de forma natural. Cada vez que alguien lo necesitaba, ella estaba allí para ofrecer ayuda. Como directora de una clínica de salud mental donde había trabajado durante más de 20 años, se sentía cómoda siendo la líder y la gente siempre le pedía orientación cuando surgían dificultades. Pero había dado su tiempo y energía con tanta frecuencia que le quedaban pocos para ella.

«no» es una frase completa

Cansada de estar tan cansada, identificamos áreas donde Serena podría comenzar a equilibrar su vida. Después de nuestra conversación inicial, quedó claro que hacían falta límites y que crearlos juntas sería el paso más lógico para comenzar. Al cabo de seis meses, había descubierto la alegría que conllevaba valorar sus necesidades y ser leal a sí misma sin importar lo demás. De eso trata poner límites.

el poder del no

Es una palabra sencilla, ¿verdad? Aun así, a muchos nos cuesta mucho decirla.

«¿Dispones de un minuto?» «Claro» (cuando realmente no lo tienes).

«¿Te importa hacerme un favor?» «Por supuesto» (cuando en realidad tú mismo necesitas ayuda).

«¿Podríamos reunirnos el martes en lugar del miércoles?» «No hay problema» (aunque signifique perderte algo que querías hacer).

«¿Podemos quedar en mi casa?» «Sí» (a pesar de que siempre vas a su casa y ellos nunca vienen a la tuya).

«¿Compartimos una botella?» «Vale» (cuando preferirías beber agua en lugar de vino).

En cada uno de los ejemplos anteriores, decir que sí significa negar los propios deseos y necesidades. Puede que no les digas que no a otras personas, pero sí te dices que no a ti. Si eres como mis clientes, probablemente tengas dificultades para ponerte primero. Igual que yo, podrías haber sido criado en un hogar donde ser egoísta era algo que debía evitarse y ser desinteresado era una cualidad venerada. Sin embargo, ponerse en último lugar es malo cuando se trata de desarrollar resiliencia contra el estrés crónico y el agotamiento. ¿Te identificas con alguna de estas situaciones?

- Nunca dispones de suficiente tiempo para dedicarlo a proyectos y actividades que te traen alegría.

- Te sientes abrumado por los compromisos sociales que inundan tu calendario.

- No duermes lo suficiente porque te quedas despierto hasta tarde para acabar las cosas.

- Estás agotado de asumir responsabilidades que ni siquiera son tuyas.

- Te sientes enojado y resentido porque constantemente estás regalando tu tiempo.

Decir no suele resultar incómodo, pero es necesario para conseguir la felicidad y plenitud que mereces. Implica poner límites a tu tiempo, comprometerte en serio con tu cuidado personal y darte permiso para priorizar tus necesidades. Pero antes de que puedas hacer eso, primero debes reconocer que vales la pena.

amor propio

Todo trabajo para aprender a poner límites comienza con el amor propio. A diferencia de la autoestima, que depende en gran medida de tu concepto de ti mismo en comparación con los demás y es muy variable en función de los sentimientos que te provoquen tus logros, el amor propio es inviolable y nunca cambia. A pesar de que los mensajes que puedas haber recibido sobre tu valor estén vinculados a tu productividad o tu capacidad para llevar a cabo las tareas asignadas, en realidad tu valor es algo que permanece contigo hasta el día de tu muerte. Simplemente por existir y por ser humano, vales.

Piensa en un momento en el que quisiste decirle que no a alguien, pero en cambio dijiste que sí. Ahora pregúntate si tu decisión habría sido distinta si hubieras creído que tus necesidades y deseos eran tan importantes como los de la persona por la que aceptaste hacer algo. Intenta identificar el miedo que te frenaba.

Para algunos de nosotros es el miedo al rechazo, para otros es el miedo a la ira o el miedo a decepcionar. Continúa reflexionando sobre esta situación y procura recordar cómo respondió tu cuerpo. ¿Tuviste una sensación de tensión o alivio, de restricción o expansión? ¿Cuál habría sido la peor consecuencia si hubieras confiado en tu sabiduría interior y hubieras dicho que no?

Muchos de mis clientes sufren con decisiones que pueden lastimar a otras personas, pero no a ellos. Es posible estar más dispuesto a romper tu propio corazón si lo que realmente deseas presenta el potencial de causar dolor a otra persona. A veces debes ser el malo en la película de otra persona para ser el héroe en la tuya. Incluso cuando los límites que te estableces no sean bien recibidos, siempre eres digno de proteger tus necesidades.

si bien todos los límites tratan en esencia de proteger tus necesidades, hay varios tipos

TIPOS DE LÍMITES

Si bien todos los límites sirven en esencia para proteger tus necesidades, hay varios tipos de límites:

- **Físicos:** tienen que ver con tu espacio personal y tu cuerpo.

- **Emocionales**: tienen que ver con reconocer tus sentimientos e identificar cuáles son tuyos y singulares, independientemente de los sentimientos de los demás.

- **Mentales:** tienen que ver con lo cómodo que te sientes expresando tus pensamientos y escuchando los de otras personas.

- **Temporales:** tienen que ver con tu voluntad de pasar el tiempo como mejor te parezca, dedicándolo a las personas y actividades que son más importantes para ti.

- **Materiales:** tienen que ver con tus pertenencias personales, incluido el dinero, y con quién las compartes.

- **Sexuales:** tienen que ver con las personas con quienes consientes mantener relaciones sexuales, los parámetros para el sexo seguro y lo que a ti te parece placentero.

límites que te marcas a ti mismo

Al considerar los límites y elegir los que marcarán la diferencia en tu bienestar físico y emocional, no olvides los que también debes establecer contigo mismo.
Fijar este tipo de límites es especialmente importante al comenzar un nuevo hábito o romper un viejo patrón. En algún momento, será necesario decir no a una cosa y sí a otra. Por ejemplo:

- Cuando decidas que ya no quieres quedarte despierto más allá de las 10 de la noche.

- Cuando decidas que ya no quieres picar sin pensar frente al televisor.

- Cuando decidas que ya no quieres saltarte tu entrenamiento matutino en favor de dormir hasta tarde.

Establecer los propios límites puede parecerse mucho a ser tu propio padre, ya que a menudo está relacionado con la creación de estructura y rutina. No siempre sienta bien establecer este tipo de límites, pero en el fondo de tu corazón sabes que te hará un enorme bien. Si te resulta difícil, intenta emparejar el nuevo límite con algún tipo de recompensa. Por ejemplo, si ya no quieres seguir despierto hasta tan tarde, haz que tu dormitorio sea un lugar *acogedor*. Quizás podrías invertir en ropa de cama

hacerte de padre

de alta calidad y lujosos pijamas. Si ya no quieres picar frente al televisor, prepárate una taza de té todas las noches. Conviértelo en un ritual con un cazo especial y una hermosa taza. Si ya no quieres ignorar el despertador y te gustaría hacer ejercicio por la mañana, busca una lista de reproducción que te ponga en marcha y ropa de entrenamiento que te guste.

El límite que me cuesta más imponerme es acostarme a tiempo. Como decía en un capítulo anterior, siempre me ha gustado trasnochar, pero también conozco el daño que le hago a mi organismo. Si bien no hace falta

empareja el límite

con una recompensa

que me acueste tan temprano como sugiere mi hijo, es cierto que no me haría ningún daño comenzar a relajarme después de arroparlo. Aceptar acostarme más temprano significa decir no al repaso de las redes sociales, no a los atracones de series y no a las conversaciones nocturnas con clientes, familiares y amigos. No siempre es fácil, pero me permite despertar con la energía necesaria para estar en mi mejor momento al día siguiente.

LÍMITES EN ACCIÓN

A continuación, encontrarás ejemplos de cada tipo de límite aplicado en la vida real, tanto con otras personas como contigo.

FÍSICO:

- **Con otros:** rehúsa invitar a personas a tu espacio si en realidad no las quieres allí.

- **Contigo:** dedica un espacio para trabajar y otro para comer.

EMOCIONAL:

- **Con otros:** cede atención a otras personas sin asumir sus sentimientos sobre una situación.

- **Contigo:** reconoce tus sentimientos a través de un diario y observando tu cuerpo.

MENTAL:

- **Con otros:** muestra el coraje de expresar tu opinión, aunque sea diferente a la de otra persona.

- **Contigo:** sé honesto contigo mismo cuando no sepas algo y muéstrate dispuesto a aprender.

TEMPORAL:

- **Con otros:** rechaza invitaciones si prefieres disponer de tiempo para ti.

- **Contigo:** acuéstate a una hora fija cada noche, incluidos los fines de semana.

MATERIAL:

- **Con otros:** presta tus pertenencias solo a las personas que sabes que las cuidarán bien.

- **Contigo:** compra cosas que sabes que usarás y que valores de verdad.

SEXUAL:

- **Con otros:** da tu consentimiento sexual o acepta cualquier otra actividad íntima solo cuando te parezca bien.

- **Contigo:** confía en tu decisión de esperar si tu cuerpo dice que no.

fija, aplica, ejemplifica

Si fijar límites es algo nuevo para ti, será un acto de valentía decir que no por primera vez. Es posible que te encuentres con personas que no estén acostumbradas a escucharlo o lo tomen como un desafío. Por desgracia, decir que no una vez no suele ser suficiente. Si deseas establecer límites que la gente realmente respete, debes:

1 **Establecer el límite.**

2 **Hacer cumplir el límite.**

3 **Ejemplificar el límite.**

Cuando estableces el límite, le estás dejando claro a la otra persona lo que ya no estás dispuesto a tolerar. Como dice mi clienta Serena, «no» es una frase completa, pero también podrías decir:

- **Ya no estoy interesado en hacer eso.**

- **Realmente me hace sentir incómodo cuando...**

- **Eso a mí no me va bien.**

- **Por favor, para.**

establecer el límite

Cuando haces cumplir el límite, le estás recordando a la otra persona el acuerdo anterior. Si alguien se benefició de tu falta de límites en el pasado, es probable que los desafíe en el futuro. Recuerda siempre que puedes querer lo que quieres, incluso cuando intentan convencerte de lo contrario. Haz cumplir los límites con frases como estas:

- Mi decisión sigue en pie. Nada ha cambiado de mi parte.

- Entiendo que te gustaría que viniera, pero aun así no podré.

- Como he dicho, no me importa que bebas, pero me siento mucho mejor si yo no lo hago. Por favor, deja de insistir.

- ¿Recuerdas cuando dije que no el otro día? Pues ahora es lo mismo.

Cuando ilustras el límite con tu ejemplo, te mantienes firme en tu decisión y coherente en tu comportamiento. Si quieres que la gente se crea que «no significa no», debes demostrárselo a través de tus acciones. Eso no significa que tus límites deban ser los mismos con cada individuo en todos los ámbitos, pero si dices que no tolerarás algo de una persona, puede ser útil que te vean siguiendo el estándar que has establecido en otras situaciones también.

tienes derecho a querer lo que quieres

Las relaciones saludables, tanto en tu vida personal como profesional, no solo requieren límites, sino también el tipo de comunicación abierta y honesta que ayuda a establecerlos. Si no te sientes lo bastante seguro como para comentar tu límite, es posible que estés en una relación que no te haga bien ni sirva a tus intereses. Aunque la decisión de irte pueda parecer una opción imposible, o tal vez el último recurso, permanecer en una situación en que no hay respeto mutuo creará estrés. Confiar en ti mismo lo suficiente como para seguir tu instinto y defender tus necesidades puede no ser fácil, pero negar tu verdad tampoco es una buena alternativa. A veces has de elegir.

¿cuándo fue la última vez que le dijiste que no a alguien?

PREGUNTAS PARA LA REFLEXIÓN

1 ¿Qué tipos de límites son más fáciles de establecer?
   ¿Cuáles son los más difíciles?

....

....

2 ¿Cuándo fue la última vez que le dijiste que no
   a alguien? ¿Cómo fue esa experiencia? ¿Cómo
   te sentiste? ¿Cuáles fueron las consecuencias?

....

....

3 ¿Qué límite te gustaría poner a otra persona en los
   próximos 30 días? ¿Qué límite te gustaría fijarte a ti
   mismo?

....

....

4 Imagina que eres una persona que siempre se pone a
   sí misma en primer lugar. ¿Cómo sería tu relación con
   los límites? ¿Cómo cambiarían las cosas para ti?

....

....

¿estás a punto?

10

En los últimos años, me he dado cuenta de que mi vocación es en gran parte ayudar a las personas a que su salud les permita ser más resistentes al desgaste profesional y cumplir su cometido en esta vida. Por eso me levanto todas las mañanas, por eso comparto mi historia, por eso sigo adelante cuando las cosas se ponen difíciles (y francamente, como madre soltera en un país extranjero que lucha contra dos enfermedades invisibles, no siempre es fácil). Pero eso es lo que requiere una vocación: resiliencia, persistencia y determinación.

Sé lo que es sentirse desempoderada por los profesionales médicos, pasar por problemas de salud sin apoyo, sentir que tu cuerpo te está traicionando, sentir que solo quieres rendirte porque lo has intentado todo sin resultados. Pero también sé lo bien que sienta sanar, nutrir el cuerpo con lo que realmente necesita, disponer del tiempo y el espacio para escuchar mi propia voz y cerrar heridas profundamente arraigadas. Sé lo que se siente al ser valorada por ser la mujer que soy, en mi homosexualidad, en mi humanidad, y sentirme conectada con algo mucho más grande que yo.

Si quieres dar ese gran salto hacia la vida de tus sueños, necesitarás tu salud física, tu salud hormonal, tu salud mental y tu salud espiritual a tu lado. Puedes comer todos los alimentos correctos y hacer los ejercicios correctos, comprar productos orgánicos y bio, pero si tu espíritu está roto y estás haciendo esas cosas desde el miedo, la necesidad de control o la falta de confianza en tu intuición y lo que tu cuerpo sabe que es mejor, nunca experimentarás un bienestar genuino.

Cuando me diagnosticaron mi enfermedad autoinmune hace 12 años, era vegana, estudiaba nutrición holística y conocía a todos los de mi mercado de alimentos ecológicos. También padecía dolor crónico y no podía caminar por la calle sin hacer muecas la mayoría de los días. Dos cosas debían suceder para que comenzara a sentirme mejor: primero, debía empezar a comer de acuerdo con lo que mi cuerpo realmente necesitaba, y segundo, debía reconocer fríamente lo que en mi vida ya no me servía.

Me resultó más o menos fácil modificar mi dieta, pero los aspectos de la vida fueron más difíciles. Mantenía una relación que sabía que no era buena para mí, pero al menos tenía a alguien. Tenía un trabajo al que temía ir todos los días, pero al menos estaba empleada. Le había dado la espalda a todas las enseñanzas espirituales con las que había crecido, pero ¿qué iba a mejorar el hecho de creer en algo más grande que yo? (Sorpresa: iba a suponer una gran mejora). Desde entonces, he cambiado mucho. He vuelto a ser yo. Comencé a trabajar en lo que realmente quería y cómo realmente deseaba vivir. Ahora sé cuidarme, honrar mi sabiduría interior y rendirme al flujo de la vida.

Si no fuera por los coaches, sanadores y maestros espirituales que me apoyaron durante los momentos en que no quería tomar el camino difícil, probablemente todavía estaría atascada. Atrapada haciendo «todas las cosas, todo el tiempo», sintiéndome miserable, transitando por las fases del desgaste. En las páginas de este libro, he hecho todo lo posible para darte ideas útiles y pasos tangibles para implementar fácilmente en tu vida. Espero que pongas en práctica lo que has aprendido y te vuelvas más resistente a los efectos del estrés crónico.

El estrés es inevitable. Quemarse es opcional.
La resiliencia es posible. ¿Estás listo?

el estrés es inevitable. quemarse es opcional. la resiliencia es posible. ¿estás listo?

Jolinda Johnson es una coach de vida certificada y galardonada, coach de salud holística y sacerdotisa para feministas y personas BIPOC y LGBTQIA+. Especialista en desgaste profesional, utiliza un método de seguimiento híbrido de salud holística y coaching vital combinado con educación científica para ayudar a las personas a manejar el estrés y desarrollar resiliencia. Este es su primer libro.

LECTURAS RECOMENDADAS

La revolución de la tiroides, Aviva Romm

Hábitos atómicos, James Clear

Brilliant Burnout, Nisha Jackson

Hiperagotadas, Emily Nagoski y Amelia Nagoski

La mente compasiva, Paul Gilbert

The Hormone Cure, Sara Gottfried

Vencer la depresión, Mark Williams, John Teasdale, Zindel Segal y Jon Kabat-Zinn

Neurofitness, Rahul Jandial

Sacred Rest, Saundra Dalton-Smith

Sé amable contigo mismo, Kristin Neff

The Self-Worth Safari, John Niland

Cuestión de límites, Nedra Glover Tawwab

Poner límites te liberará, Nancy Levin

Widen the Window, Elizabeth A. Stanley

Por qué dormimos, Matthew Walker